CMZ. Wir machen die guten Bücher. Seit 1979.

GÜTERSLOHER
VERLAGSHAUS

Gütersloher Verlagshaus. Dem Leben vertrauen

Diakonie bezeichnet umfassend jeden Dienst aus christlicher Verantwortung an Menschen in Not. Im deutschsprachigen Raum meint *Diakonie* insbesondere alle Aktivitäten der sozialen Hilfe oder des Einsatzes für Bedürftige im Zusammenhang protestantischer Initiativen und Vereine und der evangelischen Kirchen.

Diakoniefibel

Grundwissen für alle,
die mit Diakonie zu tun haben

Herausgegeben
von
Klaus-Dieter K. Kottnik
und
Eberhard Hauschildt

Mit einem Geleitwort
von
Wolfgang Schäuble

Gütersloher Verlagshaus

Bibliografische Information Der Deutschen Bibliothek

Die Deutsche Bibliothek verzeichnet diese Publikation in der Deutschen Nationalbibliografie; detaillierte Daten sind im Internet über http://dnb.ddb.de abrufbar.

Originalausgabe

© 2008 by CMZ-Verlag Winrich C.-W. Clasen
An der Glasfachschule 48, 53359 Rheinbach
Tel. 02226-9126-26, Fax -27, info@cmz.de

© 2008 by Gütersloher Verlagshaus, Gütersloh,
in der Verlagsgruppe Random House GmbH, München

Satz (Myriad Pro 10,5 auf 13 Punkt) mit Adobe InDesign CS 3:
Winrich C.-W. Clasen, Rheinbach

Technische Beratung:
Frank Münschke (Klartext Medienwerkstatt GmbH), Essen

Papier (Maxi Bulk 115 g/m²): Stora Enso, Helsinki

Umschlagabbildung (Ausschnitt):
Wassily Kandinsky (1866-1944): *Improvisation 6 (Afrikanisches)*, 1909-1910;
Öl und Gouache auf Leinwand, 107,5 × 96 cm;
Städtische Galerie im Lenbachhaus, München
© 2008 VG Bild-Kunst, Bonn 2008

Umschlaggestaltung: Lina C. Schwerin, Hamburg

Scans und Umschlaglitho: CMZ-Verlag, Rheinbach

Gesamtherstellung:
Johannishof Druck- und Verlagsges. mbH, Konstanz / Preses Nams, Riga

CMZ-Verlag: ISBN 978-3-87062-102-5
Gütersloher Verlagshaus: ISBN 978-3-579-06535-9

20080917

www.cmz.de – www.gtvh.de

Inhaltsverzeichnis

In einem Artikel einer großen deutschen Wochenzeitung wurde kürzlich denen, die sich diakonischen Themen widmen, ein „Orchideen"-Dasein in Deutschland bescheinigt. Dabei sind für Caritas und Diakonie zusammen fast eine Million hauptamtliche Mitarbeiter und noch mehr Ehrenamtliche Tag für Tag tätig. Diakonische Arbeit ist keine Nischentätigkeit, sondern tragende Säule unseres Sozialsystems. Die Bedeutung dieser Arbeit kann darum gar nicht genug betont werden. Und genau hier leistet die neue „Diakoniefibel" ihren wichtigen Beitrag.

Die Bundesrepublik Deutschland versteht sich als Sozialstaat, das heißt der Staat lässt sich in Mitverantwortung nehmen für das soziale Wohl seiner Bürger. Doch rechtliche Regelungen sind das eine. Für ein gutes Zusammenleben in der Gesellschaft ist es unersetzlich, dass es die Bereitschaft der Bürgerinnen und Bürger gibt, einander zu helfen. Ohne Solidarität und Nächstenliebe wären wir arm dran.

Mit der Diakonie befinden wir uns bei derjenigen Ausprägung des Helfens, die aus den Wurzeln des Christentums entstanden ist. „Caritas" ist zum Markennamen für das Helfen in römisch-katholischer Fassung, „Diakonie" für das in protestantischer Tradition geworden.

Zur Diakonie gehört die enorme Spannbreite von spontanem Helfen bis hin zu den großen Verbänden und diakonischen Unternehmen. Als Teil der Zivilgesellschaft ist die Diakonie damit ein wichtiger Partner des Staates bei der Aufgabe, die Bedürftigen in unserer Gesellschaft zu unterstützen.

Die hier vorgelegte „Diakoniefibel" gibt Einblicke in diese Arbeit. Hier lässt sich übersichtlich nachlesen, wer in der Diakonie was, warum und wie tut. Wir brauchen in unserer Gesellschaft mehr Aufmerksamkeit für ein solches Helfen aus christlicher Motivation. Dem Buch ist darum eine weite Verbreitung zu wünschen.

Dr. Wolfgang Schäuble MdB
Bundesminister des Innern

Für alle, die bei der Diakonie eine neue Anstellung gefunden haben oder ehrenamtlich Verantwortung für die Diakonie übernommen haben, gibt es nun endlich ein Lesebuch, das sie begleiten kann auf ihrem Weg in die Weiten der Diakonie.

Von Diakonie hat jeder schon einmal gehört. Doch sind die Ausschnitte dessen, was man von der Diakonie aus eigener Erfahrung und eigener Mitarbeit kennt, meist begrenzt. Die Diakonie ist überaus vielfältig und vielgestaltig. Die eigene Perspektive einordnen zu können und den Horizont zu erweitern – dazu will die „Diakoniefibel" dienen. Sie liefert „Grundwissen für alle, die mit Diakonie zu tun haben" in ihrem Beruf oder als Freiwillige oder auch einfach nur als jemand, dem schon einmal von Seiten der Diakonie geholfen wurde oder der sie durch eine Spende unterstützt.

Die „Diakoniefibel" ist für Menschen da, die nachfragen. Darum haben wir sie auch durch Fragen gegliedert. Diese gehen den Profilen aus der Vergangenheit, in der Gegenwart und für die Zukunft der Diakonie nach.

Was begründet die Diakonie? Hier wird darüber informiert, wie sie entstanden ist und sich entwickelt hat, wie sie zur Kirche und zur Bildung steht und welche Funktionen sie hat.

In welchem Umfeld geschieht Diakonie? Hier werden die Begriffe Sozialstaat und Sozialmarkt erläutert, hier wird das Verhältnis zu anderen Hilfekulturen, zum Gemeinwesen vor Ort und zur Ökumene der Kirchen dargestellt.

Was tut die Diakonie für wen? Hier wird die Vielzahl der Arbeitsfelder und der verschiedenen Zielgruppen vorgeführt, an die sich Diakonie richtet – von den Kindern bis zu den Alten, in Ausbildung, Wiedereingliederung und Pflege, vor Ort und weltweit.

Wer arbeitet in der Diakonie? Man erfährt hier von den Hintergründen der klassischen Berufsbilder Diakonisse und Diakon, wird in Reflexionen darüber hineingenommen, was Professionalität und Leitung für die Diakonie bedeuten und wie man sich den besonderen

11

Gefahren helfender Berufe (wie beispielsweise Erschöpfung, *burnout*) stellen kann.

Wie organisiert sich Diakonie? Hier liest man, worin sich die Organisationsformen der Diakonie (von der Gemeinde über die Diakonieunternehmen bis zum Diakonischen Werk) unterscheiden.

Welche Zukunft hat die Diakonie? Dieses Kapitel verfolgt die Entwicklungen der Diakonie in Europa, die Marke „Diakonie" und die neue Aufmerksamkeit für Spiritualität in der Diakonie.

Fast jeder Artikel enthält ein oder zwei Literaturhinweise zu seinem Stichwort. Die „Gelben Seiten" zeigen schließlich, wo und wie man sich weiter informieren kann – in Büchern und Zeitschriften, im Internet und bei besonders wichtigen diakonischen Einrichtungen.

Wir haben Autorinnen und Autoren aus der Diakoniewissenschaft, aus diakonischen Einrichtungen und aus Kirchengemeinden für dieses Buch gewinnen können. In 31 Artikeln, jeweils meist nicht länger als vier Seiten, wird das Wissenswerte im Überblick allgemeinverständlich und auf neuestem Stand vermittelt. Einführende Bemerkungen zu den sieben Teilen des Buches sollen den Überblick weiter erleichtern. Kommentierte Abbildungen aus der europäischen Malerei (von einem Andachtsbild des 14. Jahrhunderts bis zur klassischen Moderne) leiten die einzelnen Kapitel ein und regen dazu an, die helfende Beziehung in ihrer emotionalen und schönen Perspektive nicht aus dem Blick zu verlieren.

Wir danken dem CMZ-Verleger, Winrich C.-W. Clasen, auf den die Idee zu diesem Buch nach guten Erfahrungen mit vergleichbaren eigenen Projekten zurückgeht. Wir danken den Autorinnen und Autoren für die bereitwillige und schnelle Erstellung der Artikel, so dass das Buch bei Erscheinen noch auf dem ganz aktuellen Stand ist. Gedankt sei auch dem Verleger des Gütersloher Verlagshauses, Klaus Altepost, der in das Projekt eingestiegen ist und seine Verbreitung fördert.

Berlin und Bonn, im Juli 2008

Klaus-Dieter K. Kottnik / Eberhard Hauschildt

1. Was begründet Diakonie?

Wo kommt die Diakonie her? Was bewegt sie? Von welchen Vorbildern lebt sie?

Die ersten drei Artikel beschäftigen sich mit der *Geschichte der Diakonie*. Sie zeigen Nähe wie Abstand zur Geschichte auf. So lassen sie Verbindungen zur Diakonie früherer Generationen sehen – und fordern dazu auf, darüber nachzudenken, was heute berechtigterweise anders sein muss, als es damals war, und was heute anders sein könnte, als es derzeit ist. Der Artikel „Diakonie in der Bibel" (1.1) legt dabei einen Schwerpunkt auf die Bedeutungsbreite des griechischen Wortes, aus dem der Begriff Diakonie abgeleitet ist. Der Artikel zur „Diakonie in der Alten Kirche und im Mittelalter" (1.2) zeigt, wie sich die Diakoniegestaltung in den Jahrhunderten wandelte. Der Artikel zur „Evangelischen Diakonie in der Moderne" (1.3) beschreibt, welche eigene neue Gestalt die Diakonie im 19. Jahrhundert annahm. Viele der heute bestehenden Organisationen der Diakonie gehen auf Wurzeln aus dieser Zeit zurück und tragen die Namen der damaligen Gründer.

Zwei Verhältnisbestimmungen sind ebenfalls für die Diakonie grundlegend: das Verhältnis von „Diakonie und Kirche" (1.4) und das von „Diakonie und Bildung" (1.5). Diakonie und Kirche gehören untrennbar zusammen – und sind doch organisatorisch und,

Bibel

Alte Kirche und Mittelalter

Moderne

Kirche
Bildung

was ihre Schwerpunkte betrifft, unterschieden. In jeder Diakonie geht es um Lernprozesse – darum, dass die, die Hilfe erfahren, dabei für sich lernen – und die, die helfen, auch. Nur das Zusammensein des Leiblichen und Geistigen entspricht dem Menschen.

Funktionen

Schließlich: Es gibt eine Reihe von „Funktionen der Diakonie" (1.6), aus denen sich das diakonische Profil begründet. So liefert dieser Artikel zugleich einen Gesamtüberblick über das, was Diakonie ausmacht.   *E.H.*

Unbekannter Meister: *Die heilige Elisabeth*, 1334; Einzelbild aus dem rechten Flügel des Altenberger Marienaltars; Holz, Flügel 135 × 119 cm; Städel Museum, Frankfurt am Main.

Der ursprünglich für das Prämonstratenserinnenstift Altenberg bei Wetzlar geschaffene Altar ist zugleich Marienaltar und Schrein für Reliquien der Heiligen Elisabeth und der seligen Gertrud.

Die Darstellung zeigt Elisabeth (1207-31) als übergroße Figur mit Heiligenschein, Schleier und rotem, pelzgefütterten Mantel, ein Buch in ihrer Rechten. Ein Engel hält eine Krone über ihren Kopf, ein zweiter reicht ihr einen Mantel herab, sie selbst gibt einen weiteren an einen bittend vor ihr knieenden Bettler. Die Mantelspende gilt als *die* Geste der Barmherzigkeit und Standesentäußerung.

Um das Leben der Adligen, die bereits zu Lebzeiten durch Frömmigkeit und Wohltätigkeit berühmt wurde, ranken sich zahlreiche Legenden und Berichte von Wunderheilungen; die Wallfahrt an ihr Grab in Marburg gilt als eine der größten des Mittelalters.

Elisabeth wurde einerseits durch ihre Lebensweise – als wohltätige Landgräfin und später ein Spital leitende Hospitalierin – und andererseits durch die Anfechtungen, die sie deretwegen zu erdulden hatte, zum Inbegriff der barmherzig Handelnden.

Der alten Maltradition entsprechend bestimmt eine knappe Formen- und Bildsprache die Darstellung: die Figuren sind vor einem Goldgrund platziert, der das Geschehen in einen überzeitlichen und unwirklichen Raum stellt. Alles Ausschmückende, Erzählende ist weggelassen, die ausdrucksvollen Gesten und Positionen der Figuren allein vermitteln die inhaltliche Aussage: Elisabeth als Schenkende gibt letztlich weiter, was ihr von Gott gegeben wird – eindrucksvoll im Bild des doppelt vorhandenen Mantels festgehalten. Sie erhält dafür die Krone der Heiligkeit und wird von den Betenden um Hilfe angerufen.

Kerstin Clasen

*Barmherzigkeit, Gerechtigkeit und Nächstenliebe
gehören zusammen*

Sowohl im Alten als auch im Neuen Testament wird von Gott erzählt als einem Gott, der sich der Welt in Liebe zuwendet. Sein Wille ist es, dass unter den Menschen Gerechtigkeit, Barmherzigkeit und Friede herrschen. Das Volk Israel hat seine Zuwendung erfahren, als er es aus der Sklaverei in Ägypten befreit hat, und es soll sich nun selbst in Liebe und Fürsorge den Schwachen und Bedürftigen sowie den Fremden zuwenden (z.B. 2 Mose 20,2 und 22,20-26). In den alttestamentlichen Rechtsbestimmungen ist die Verpflichtung zur Hilfe enthalten. Die Einhaltung dieser Vorschriften wird in den Prophetentexten eingeklagt (z.B. Hosea 6,5; Amos 2,6). In dieser jüdischen Tradition steht auch Jesus, wenn er fordert: „Werdet barmherzig, wie auch euer Vater barmherzig ist" (Lukas 6,36). Mit seinem ganzen Leben und Sterben verkündet Jesus die Liebe Gottes zu den Menschen. Dieser Zuspruch wird zum Anspruch für alle, die ihm nachfolgen: auch selbst diese Liebe in Wort und Tat weiterzugeben (z.B. Johannes 13,1–20).

Drei zentrale Texte der Nächstenliebe

In der bekannten Erzählung vom „barmherzigen Samariter (Lukas 12,25–37) stellt Jesus ausgerechnet einen, der als nicht Rechtgläubiger gilt, den Hörern als Vorbild hin: Im Gegensatz zu Oberen in Religion und Gesellschaft unterbricht er seine Reise und hilft dem Opfer eines Raubüberfalls, auf das er trifft, versorgt es zunächst unmittelbar, überlässt es dann anderen zur Pflege, ist bereit dafür finanziell aufzukommen und kontrolliert, ob die Hilfe tatsächlich erfolgt. In der Szene vom Weltgericht (Matthäus 25,31-46) erfahren die Menschen vor dem Richter am Ende der Zeit, dass sie daran gemessen werden, ob sie Christus mit Nahrung versorgt, bei Krankheit und im Gefängnis besucht, als Fremdling aufgenommen und bekleidet haben, denn: Was sie den Geringsten unter den Mitmenschen getan haben, das haben sie ihm getan. In jedem Nächsten begegnen also die Helfenden Christus selbst. In einer Dichtung, die der Apostel Paulus einer Gemeinde schreibt, wird die Liebe ausführlich beschrieben und gepriesen und als die Größte im Vergleich mit Glaube und Hoffnung bezeichnet (1 Korinther 13).

Überraschung: Was die Rede von „Diakonie" und „Diakon" im Neuen Testament bedeutet

Zur Bezeichnung christlich begründeter Nächstenliebe hat sich im deutschsprachigen Protestantismus der Begriff „Diakonie" eingebürgert in Aufnahme eines Wortstammes aus den biblischen griechischen Texten. In der Wissenschaft wurde lange Zeit angenommen, dass mit dem griechischen Begriff *diakonia* in der Antike ursprünglich v.a. der Tischdienst und weitere niedrige Dienste bezeichnet wurden. Im frühen Christentum sei der sich selbst erniedrigenden Dienst für andere aufgewertet worden. Doch wurde inzwischen nachgewiesen, dass im Neuen Testament mit *diakonia* nicht nächstenliebende Dienste bezeichnet werden, sondern allgemein Beauftragungen unterschiedlichster Art. Damit ist nicht in Frage gestellt, dass Nächstenliebe zum Kern christlichen Glaubens gehört. Das ist ja auch in der Bibel breit belegt und im biblischen Gottesbild begründet. Doch der griechische Begriff *diakonia* ist nicht mit einer Haltung der sich selbst erniedrigenden Untertänigkeit oder Selbstaufopferung verbunden.

Der Blick auf die Verwendung des Wortstamms von *diakonia* im neuen Testament kann unseren Horizont erweitern.

In der griechischen Sprache gibt es verschiedene Begriffe, die unterschiedliche Arten oder Sichtweisen von Diensten ausdrücken. *diakonia* beschreibt dabei eine Tätigkeit, die in der Regel auf eine konkrete Beauftragung zurückgeht, oft eine Boten- oder Vermittlungstätigkeit umfasst und pflichtgemäß auszuführen ist. Ein/e *diakonos* ist also ein/e Beauftragte/r, der/die im Namen einer/s anderen eine Aufgabe erfüllt. Eine Unterordnung besteht nur gegenüber dem Auftraggeber; gegenüber denen, an die das Tun sich richtet, kann ein/e *diakonos* durchaus eine Autoritätsposition innehaben. Der Inhalt der Beauftragung und auch die damit evtl. verbundene Ehre oder Autorität lassen sich erst aufgrund der genauen (in einem Text erkennbaren) Situation bestimmen. Die grammatisch männliche Bezeichnung *diakonos* wird für Männer und Frauen in gleicher Weise verwendet, da es keine weibliche Form gibt. (Die Bezeichnung „Diakonisse" für Frauen ist eine christliche Wortneuschöpfung, die zum ersten Mal im 3. Jahrhundert n. Chr. belegt ist.)

In den neutestamentlichen Briefen und in der Apostelgeschichte wird mit der Wortgruppe v.a. die gemeindegründende bzw. -leitende Missions- und Verkündigungstätigkeit der Apostel sowie weiterer Gemeindeleiter/innen bezeichnet. Deren Zuverlässigkeit und Glaubwürdigkeit zeigt sich stets auch an einer Lebensweise, die der Botschaft entspricht, und der umfassenden Fürsorge für die Sorgen und Nöte in der Gemeinde (z.B. 2 Korinther 6,1–13). Im Zusammenhang der Kollekte der Gemeinden des Paulus für die Jerusalemer Gemeinde bezeichnet die Wortgruppe *diakonia* die Botentätigkeit zur Überbringung der Spendengelder (z.B. 2 Korinther 8 und 9). Die theologische Bedeutung der Kollekte beschreibt Paulus als Gnadenwerk (*charis*), welches die Gemeinden verrichten können, weil Gott selbst ihnen zunächst seine Gnade (8,1-9) geschenkt hat.

In 1 Korinther 12,5 bezeichnet Paulus alle (Auf-) Gaben in der christlichen Gemeinde als *diakonia* (im Sinne von: Aufträge) im Namen Christi. Damit macht er also nicht Gemeindeleitung und Wortverkündigung zu „niedrigen Diensten", sondern charakterisiert alle Tätigkeiten in der Gemeinschaft, auch die helfend oder eher organisatorisch ausgerichteten, als gleichwertige und für den Leib gleich wichtige Beauftragungen.

In den Evangelien findet sich die Wortgruppe auch zur Bezeichnung der Aufwartung bei Tisch, insbesondere dann, wenn Jesus als Ehrengast anwesend ist (z.B. Markus 1,31). Gemäß Apostelgeschichte 6,1–7 hat es die Gemeindesituation in Jerusalem erforderlich gemacht, neben der Beauftragung (*diakonia*) mit der gemeindeleitenden Wortverkündigung weitere Mitarbeiter für die *diakonia* zur Versorgung der Witwen an den Tischen einzusetzen. Dabei geht es um eine besondere Aufgabe der Gruppe der Sieben nach Lukas, nicht jedoch um die Einführung eines sozial-karitativ ausgerichteten Diakonats. So werden Mitglieder des Siebenerkreises später als Missionare und Gemeindegründer, nicht als Sozialarbeiter beschrieben (Apostelgeschichte 6,8-8,40).

In Markus 10,45 bezeichnet sich Jesus als *diakonos*, der nicht gekommen ist, um anderen Aufträge zu erteilen, sondern selbst seinen – vor der Welt ehrlosen – Auftrag auszuführen und sein Leben als Lösegeld zu geben. Jesus erfüllt Gottes Auftrag, der in seiner Liebe die Menschen erlösen will. Jesu Rolle als Beauftragter ist anders als die gängigen Vorstellungen über Boten Gottes und steht im Widerspruch zu weltlichen Herrschaftsformen. Gerade darin wird Jesus auch zum Vorbild für seine Jünger, die auch selbst nicht Herrschende sein sollen, sondern Beauftragte (42-45). Diese Herrschaftskritik gilt vor allem für diejenigen, die als Führende oder Erste in der Gemeinde Verantwortung innehaben und sich stets bewusst sein sollen, dass ihre Autorität an die pflichtgemäße Erfüllung ihres Auftrags gebunden ist.

Was im 19. Jahrhundert neu als Diakonie mit den Ämtern der Diakonisse und des Diakons begründet wurde, lässt sich viel weniger aus den biblischen Begriffen herleiten, als man meinte. Bibelwissenschaftlich beurteilt gab es einige Fehlinterpretationen, die jedoch zum Teil produktive Missverständnisse waren und das Anliegen der Nächstenliebe stärkten. Doch dass Diakonie von den Mitarbeitenden eine Art Demut der Untertänigkeit und Selbstverleugnung erfordere, liegt den biblischen Texten fern.

Anni Hentschel

- *Anni Hentschel:* Diakonia im Neuen Testament, 2007.

- *Gerhard K. Schäfer / Theodor Strohm (Hg.):* Diakonie – biblische Grundlagen und Orientierungen, 1990.

Worin die Alte Kirche mit ihrer Diakonie auffällt

Die Diakonie hat ihren historischen Ursprung in der Alten Kirche. Dabei waren zwei unterschiedliche theologische Grundaussagen des christlichen Glaubens entscheidend, die bereits im 1. Jahrhundert praktische Konsequenzen hatten. Das war zum einen das Gebot zur Nächstenliebe in der Predigt Jesu, das auf Vorbilder u.a. in der jüdischen Weisheit und Prophetie zurückgeht. Zum anderen war es die Auffassung, dass die christliche Botschaft alle Menschen meint, weshalb die Christen sich auch den Heiden zuwendeten, was die Mehrheitsbewegung im Judentum ablehnte. So ergab sich zunächst eine fast bedingungslose Offenheit zur Einladung an alle, in die christliche Gemeinde zu kommen. Sie machte das Christentum vielerorts attraktiv für jene, die in der Mehrheitsgesellschaft aus wirtschaftlichen oder anderen Gründen nur eine schwache Stellung einnahmen (das galt besonders für Frauen überhaupt und für freigelassene Sklavinnen und Sklaven). Eine der frühesten karitativen Betätigungen waren die „Agapen" – gemeinsame Mahlzeiten vor oder nach den Gottesdiensten in den christlichen Gemeinden, die das Gemeinschaftsbewusstsein zwischen ihren Mitgliedern verschiedener sozialer Stellung stärkten. Sie boten die Möglichkeit, den Armen und Notleidenden unter ihnen wirksam zu helfen und verbanden dabei Fürsorge, Gottesdienst und seelsorgerliche Zuwendung miteinander. Das gemeindeleitende Doppelamt von „Bischof" (als Leiter der Gemeinde) und „Diakon" (als Beauftragter für die Verteilung der Gaben im Gottesdienst und bei den Agapen) erhielt hier seine Grundlage.

Seit dem Beginn des 3. Jahrhunderts wurde die Armenfürsorge in vielen Gemeinden institutionalisiert. Die Gemeindeglieder leisteten freiwillige Beiträge, aus denen man die Armen unterhielt, für hilfsbedürftige Alte und angemessene Bestattungen sorgte, durchreisenden Glaubensschwestern und -brüdern und mittellosen Familien

Hilfe leistete, verhaftete Gemeindeglieder betreute und zur Zwangsarbeit in den Bergwerken Verurteilte unterstützte. Mit dieser Art karitativen Handelns unterschied sich die frühe Kirche markant von ihrer nichtchristlichen Umgebung und man hat darin einen Hauptgrund für die rasche Ausbreitung des Christentums im Verlauf des 3. Jahrhunderts gesehen. Wohl finden sich im heidnischen Denken ebenso Idealvorstellungen davon, dass zum Tun des Guten auch die Verantwortung für andere Menschen gehört. Der enge Zusammenhalt der christlichen Gemeinschaften mit ihrer ausdrücklichen Entwertung von sozialen, wirtschaftlichen und Bildungsunterschieden wirkte jedoch vor allem für Mitglieder der römischen Oberschicht abschreckend, selbst wenn von der innerkirchlichen Gleichberechtigung – etwa von Sklaven in vielen Gemeinden – kaum sozialrevolutionäre Anstöße ausgingen.

Eine erste Blütezeit

Im 4. Jahrhundert erwuchs aus der karitativen Einstellung der Christen eine umfassende Organisation mit der Einrichtung von Herbergen und Hospizen und dem Aufbau eines entsprechenden Verwaltungsapparates. Neben die Diakone traten als Helferinnen des Bischofs in der karitativen Fürsorge Frauen, vor allem Witwen, die einen besonderen Stand innerhalb der Gemeinde bildeten. Sie wurden von den Bischöfen bevorzugt in der privaten Hausseelsorge und in der Missionsarbeit unter Frauen eingesetzt, widmeten sich der Erziehung der Waisen, arbeiteten in der Krankenpflege und in der Fürsorge für Gefangene. Zusammen mit den Witwen wurden vom 2. Jahrhundert an auch unverheiratete Frauen für solche Dienste zugelassen. Für sie kam später die Bezeichnung Diakonissen (*diaconissa*) auf, was wohl auch der ausdrücklichen Abgrenzung zum männlichen Diakonat (*diaconus*) geschuldet war. Die Begriffsbildung blieb jedoch vielfältig. Als sich der Stand der Witwen und Jungfrauen durch die Betonung weltentsagender Lebensführung mehr und mehr von dem genannten Aufgabenbereich löste, wurde die Funktion der Diakonissen besonders im syrischen Raum zu einem eindeutigen

Gemeindeamt zur Betreuung der weiblichen Täuflinge und Taufbe-werberinnen, in der Hausseelsorge an Christinnen in heidnischen Familien und der Sorge für kranke Frauen. Im 4. Jahrhundert erreichte das Amt der Diakonissin seine endgültige Gestalt und eigentliche Blütezeit.

Mit dieser Entwicklung einer gingen theologische Überlegun-gen zur christlichen Liebestätigkeit, zu Arbeit, Besitz und Reichtum/ Armut, etwa bei den Kirchenvätern Clemens von Alexandrien († um 215) oder Cyprian († 258). Die biblische Kritik am Reichtum wurde grundsätzlich beibehalten, wenn auch häufig in der Form eines Appells zur inneren Freiheit davon und zum Almosengeben, das höher als Fasten und Beten gewertet wurde. Als ähnlich positiv galt nun niedrige und schwere Arbeit, wenn sie den Mitmenschen nützt. Damit brachte sich die Alte Kirche wieder in einen Gegensatz zur sonst verbreiteten Überzeugung, die in der körperlichen Arbeit ein Zeichen von Unfreiheit und Sklaventum erblickte.

Vorbilder und die Diakonie der Orden

Das Mittelalter nahm dieses Denken ganz auf, wobei entschei-dend gewesen ist, dass es im Mönchtum weiter gepflegt wurde. Im östlichen Mönchtum hatte es durchaus eine starke Tradition der Weltflucht gegeben, die mit dem diakonischen Wirken wenig zu tun hatte. Doch wichtiger wurde eine Geisteshaltung unter den Mön-chen, die sich aus einem Gegensatz zur „verweltlichten" staatsnah gewordenen Reichskirche verstehen lässt (z.B. der Kirchenvater Basi-lius der Große † 379). Für das Abendland wurden Äußerungen wie die des Augustinus († 430), Benedikt von Nursia († 547) und Caesa-rius von Arles († 542) wichtig, die nächstenliebende Arbeit lobten. Vor allem Martin von Tours († 397, „St. Martin") begründete mit sei-nem Vorbild der Gabe des halbierten letzten Mantels anschaulich die Verknüpfung von karitativem Verhalten und Frömmigkeit. Dazu kam, dass angesichts des Versagens staatlicher Ordnung in der Völ-kerwanderungszeit die bischöfliche Organisation in die Versorgung der Bevölkerung einbezogen wurde. *Monasteria diaconiae* erfahren

Ulrich Volp

z.B. in Rom als regelrechte Diakonieanstalten im Frühmittelalter eine Blütezeit, werden aber offenbar seit dem 8. Jahrhundert durch die Diakoniekirche abgelöst.

Die Frömmigkeitsbewegungen des Hoch- und Spätmittelalters waren teilweise mit einer Wiederentdeckung diakonischer Ideale verbunden und beklagten gleichzeitig einen (angeblichen) Verlust im Lauf des Früh- und Hochmittelalters. Damit einher ging eine Auffaltung in diakonische Spezialaufgaben (Krankenpflege, Leprosenhilfe, Bestattungswesen, Altersrenten, Kreuzfahrerbetreuung) in speziellen Schwester- und Bruderschaften, diakonischen Genossenschaften und Spitalorden. Im 15. Jahrhundert bildeten sich vermehrt städtische oder private Organisationsformen heraus (z.B. Waisen- und Siechenhäuser der Stadtmagistrate, Wohnungsbau des Kaufmannsgeschlechts der Fugger in Augsburg), auch wenn diese Unternehmen nach wie vor ausdrücklich als christlich verstanden wurden und Ordensleute die Hauptarbeiten verrichteten.

Ulrich Volp

- *Gottfried Hamann:* Die Geschichte der christlichen Diakonie, 2003.

- *Herbert Grimm (Hg.):* Das diakonische Amt der Kirche im ökumenischen Bereich, 1960.

Die Veränderungen in der Organisation der kommunalen und kirchlichen Armenpflege seit Ende des 15. Jahrhunderts mit der zunehmenden Bedeutung der kommunalen und bürgerlichen Diakonie wurden von der Reformation nur verstärkt. Zu einem grundsätzlichen Neuanfang in dieser Hinsicht kam es nicht – wenn man einmal von den praktischen Auswirkungen der Überwindung der Werkgerechtigkeit durch Martin Luthers Theologie absieht. Luther trat für diakonisches Handeln ein, das sich allein am Bedarf des Nächsten aus-

August Hermann Francke

richtet und nicht mehr daran, durch eine gute Tat sich sein Seelenheil zu verdienen. Zu den wichtigen Vorläufern der modernen Diakonie gehörte einer der Gründerväter der Frömmigkeitsbewegung des Pietismus, August Hermann Francke in Halle/Saale (1663–1727), der Anstalten für Waisenkinder und Schulen errichtete.

Im 19. Jahrhundert schufen Bauernbefreiung, Abschaffung der Zünfte und ab den 1850er Jahren zunehmende Industrialisierung eine neue soziale Lage. Erweckungsbewegung und liberal-bürgerliche Mitverantwortung für das öffentliche Wohl begannen mit punktuellen Hilfsmaßnahmen. Man konnte dabei auf britische Vorbilder zurückgreifen, wo freikirchliche Kreise auf die schon 70 Jahre früher einsetzende Industrialisierung reagiert hatten, und gründete zunächst „Rettungshäuser" für jugendliche Vollwaisen sowie Kinder aus sozial schwachen Familien. Organisierte pädagogische Bemühungen sollten auch soziale Schäden heilen, in erster Linie innerhalb der Unterschichten, die den Lebensrisiken – Arbeitslosigkeit, Invalidität, Krankheit und Alter – schutzlos ausgeliefert waren.

Jochen-Christoph Kaiser

Johann Hinrich Wichern

Johann Hinrich Wichern
und die männliche Diakonie

Das diakonische Engagement J. H. Wicherns (1808–1881), des eigentlichen Begründers der Inneren Mission, begann 1833 in Hamburg ebenfalls mit der Einrichtung eines Rettungshauses für verwahrloste Hamburger Jugendliche beiderlei Geschlechts: das „Rauhe Haus". Er und seine Sponsoren setzen dabei auf ein damals hochmodernes Konzept: familiäre Umgebung in Kleingruppen, elementaren Schulunterricht und christliche Unterweisung. Ziel war zunächst die Resozialisierung, dann die Hinführung zum christlichen Glauben. Um die notwendige personelle Unterstützung zu erhalten, bildete Wichern Helfer („Diakone"; → 4.2) aus; damit wurde er auch zum Begründer der modernen „männlichen Diakonie". Die soziale Zuwendung zielte auf Volksmission, an deren Endpunkt die Wiederverchristlichung der Gesamtgesellschaft stand. Innere Mission nannte er sein Unternehmen in Analogie zur Heiden- oder äußeren Mission. Diese doppelte Stoßrichtung von sozialen Hilfen und Verkündigung des Evangeliums begleitet die Diakonie in ihrer 160-jährigen Geschichte bis heute.

Amalie Sieveking, Theodor, Friederike und Karoline Fliedner
und die weibliche Diakonie

Nahezu zeitgleich entstand in dem rheinischen Städtchen Kaiserswerth bei Düsseldorf eine Einrichtung zur Förderung sozial entwurzelter junger Mädchen durch den dortigen Pfarrer der reformierten Gemeinde, Theodor Fliedner (1800–1864). Um berufliche Möglichkeiten für seine Klientinnen zu schaffen, bildete er mit seiner ersten Ehefrau Friederike (1800–1842) seit 1836 Krankenschwestern aus, die in Gemeindepflegestationen und Krankenhäusern medizinischpflegerische Dienstleistungen auf christlicher Grundlage erbringen sollten. Diese wurden dann bald „Diakonissen" (→ 4.2) genannt.

Im Laufe weniger Jahre erwies sich diese Idee als so erfolgreich, dass auch andernorts zahlreiche „Diakonissenmutterhäuser" des „Kaiserswerther Typs" entstanden, deren Schwestern bis 1945 zusammen mit jenen der katholischen Orden etwa $^2/_3$ aller weiblichen Pflegekräfte in Deutschland stellten. So wurden Friederike und

Thedor Fliedner

Theodor Fliedner bzw. dessen zweite Frau Karoline (1811–1892), die das Werk ihres Mannes nach dessen Tod neunzehn Jahre weiterführte, zu Begründern der modernen „weiblichen Diakonie".

In Hamburg wirkte parallel zu Fliedner die Senatorentochter Amalie-Wilhelmine Sieveking (1794–1859). 1832 gründete sie den „Weiblichen Verein für Armen- und Krankenpflege", um ehelosen bürgerlichen Frauen eine berufsähnliche Lebensaufgabe zu verschaffen. Die von ihr beabsichtigte Stiftung einer barmherzigen Schwesternschaft gelang hingegen nicht. Sieveking gilt als Vorkämpferin der evangelischen Frauenbewegung, die jedoch erst 40 Jahre nach ihrem Tod entstand. Sie arbeitete mit Wichern zusammen, der sie in seinem Nachruf eine „apostolische Frau" nannte.

Der Herborner Predigerseminarleiter und Theologieprofessor Friedrich Zimmer (1855–1919) nahm diese Linie auf, als er 1894 bewusst in Abgrenzung von Fliedner genossenschaftlich organisierte Arbeit von später so genannten „Diakonieschwestern" begründete.

Amalie Sieveking

Jochen-Christoph Kaiser

„Central-Ausschuß für die Innere Mission"
und die Diakonie auf Vereinsbasis

Wichern begnügte sich indessen nicht mit der Leitung des Rauhen Hauses, sondern knüpfte Kontakte zu weiteren schon bestehenden Einrichtungen der Inneren Mission, die er organisatorisch locker miteinander verbinden wollte, um die neue christliche Liebestätigkeit überall bekannt zu machen. Die Gelegenheit dazu ergab sich 1848 auf dem ersten deutschen evangelischen Kirchentag in Wittenberg, der ursprünglich zusammengetreten war, um über die Schaffung eines Kirchenbundes zu beraten. Wichern konnte am 20. September sein Anliegen im Plenum vorstellen und stieß auf überraschend positive Resonanz: Wenig später wurde der „Central-Ausschuß für die Innere Mission" gegründet (CA) – ein von hochrangigen Staatsbeamten, Kirchenvertretern und Professoren gebildetes Gremium mit Sitz in Berlin. Der CA war Mittelpunkt eines diakonischen Beratungsnetzwerks und keine Institution mit Leitungsanspruch gegenüber den ihm assoziierten Einrichtungen. Er sollte letztere in ihrer Arbeit unterstützen und neue Vereine für Innere Mission überall in Deutschland ins Leben rufen, die dann ihrerseits die Gründung neuer diakonischer Einrichtungen anregten, um auf diese Weise ein flächendeckendes Netzwerk zu schaffen.

Der CA agierte unabhängig von den Landeskirchen und den Regierungen der deutschen Länder, weil Wichern die Kirchen als Staatsanstalten für ungeeignet hielt, um auf sozialem Sektor erfolgreich und vor allem flexibel genug tätig zu werden. Auch das Fehlen einer gesamtkirchlichen Vertretung – der Kirchenbund kam 1848 nicht zustande – bewog ihn dazu, die Werke der Inneren Mission konzeptionell über die Grenzen der Einzelgemeinden und Landeskirchen hinaus wirken zu lassen. Und den Staat selbst bezog er nicht mit ein, weil er noch nicht in Kategorien einer Sozialreform dachte, die etwa Aufgabe der Länder gewesen wäre.

So wurde die Rechtsform des Vereins zur tragfähigen Grundlage der Inneren Mission, die auf diese Weise in organisatorischer Unabhängigkeit von Kirche und Staat ihre Arbeit vorantrieb.

Die Verbindungen zu Amtskirche und Staat waren dennoch durchaus eng. Erster Präsident des CA wie der Kirchentage (bis 1872) wurde der Juraprofessor Moritz August von Bethmann-Hollweg (1795–1877). Der Spross einer großbürgerlichen Frankfurter Bankiersfamilie und Großvater des späteren Reichskanzlers Theobald von Bethmann-Hollweg wirkte ab 1823 als Professor der Rechtswissenschaften in Berlin, ab 1829 in Bonn. Er trat auch als Politiker hervor, u.a. in der Frankfurter Nationalversammlung und den beiden preußischen Kammern. Er amtierte in den 1850er Jahren als Sprecher der konservativ-liberalen

*Moritz August
von Bethmann-Hollweg*

Wochenblattpartei und von 1858 bis 1862 als preußischer Kultusminister. Von Hause aus politisch liberal eingestellt, verstand er sich theologisch als „bekehrter Christ" und verkehrte in seiner Berliner Zeit in der „Preußisch-deutschen Tischgesellschaft", die auch der Kronprinz besuchte. Dieser erhob ihn nach der Thronbesteigung 1840 in den erblichen Adelsstand. Bethmann-Hollweg gehörte zu den wenigen gemäßigt liberalen Mitbegründern der IM.

Friedrich v. Bodelschwingh (1831–1910), der als Kind Spielgefährte des späteren deutschen Kaisers Friedrich III. (1831–1888) war, baute Bethel bei Bielefeld zu einem Zentrum diakonischer Arbeit aus und wurde im Alter noch zeitweise Mitglied des Preußischen Hauses der Abgeordneten. Eine lutherisch geprägte, an Idealen einer Gemeindekirche nach dem Vorbild des apostolischen

Friedrich v. Bodelschwingh

Zeitalters ausgerichtete Arbeit begründete der Pfarrer Wilhelm Löhe (1808–1872) in seiner Gemeinde im fränkischen Neuendettelsau.

Theodor Lohmann, Adolf Stoecker, Friedrich Naumann
und die Entwicklung des Sozialstaats

Erst die zweite Generation der Diakoniker erkannte nach der Reichsgründung und dem Beginn der Hochindustrialisierung, dass soziale Hilfen im Einzelfall und für die Kleingruppen der Anstaltsdiakonie staatliche Strukturreformen auf Dauer nicht ersetzen konnten. Unter ihnen setzte sich nun allmählich die Erkenntnis durch, dass eine Lösung der sozialen Frage als Problem der Integration der Arbeiterschaft in den Staat nur von diesem selbst bereitgestellt werden konnte. Preußische Spitzenbeamte wie vor allem Theodor Lohmann (1831–1905), der zugleich Mitglied des CA war, wirkten an der Entstehung der Bismarckschen Sozialgesetzgebung der 1880er Jahre maßgeblich mit, die durch Invaliden-, Kranken- und Rentenversicherung eine Grundsicherung für die Unterschichten schuf.

Auch Hofprediger Adolf Stoecker (1831–1905), ebenfalls Mitglied des CA, gehörte zu diesem Kreis der Befürworter staatlicher Sozialreformen, mit der die Tätigkeit der freien Wohlfahrtspflege beider Konfessionen entlastet und gleichzeitig gestärkt werden sollte. Das geschah erst grundlegend nach 1918 in der Weimarer Republik, als die freien Träger in den entstehenden Sozialstaat (→ 2.2) integriert wurden und nun – gleichberechtigt mit den öffentlichen Einrichtungen – entsprechende Teile ihrer Arbeit aus öffentlichen Mitteln bezahlt wurden.

Eine Sonderstellung nahm in der auf Wichern folgenden Epoche Friedrich Naumann (1860-1919) ein. Naumann arbeitete kurzzeitig als „Oberhelfer" im Rauhen Haus und war 1890 Mitbegründer des Evangelisch-sozialen Kongresses, der zu einer maßgeblichen protestantischen Vereinigung zur Diskussion sozialpolitischer und sozialethischer Fragen wurde. Im gleichen Jahr ging er für einige Jahre als Vereinsgeistlicher für die IM nach Frankfurt a.M. Naumann setzte sich ursprünglich für die Verbindung von IM und sozialer Reform ein

(1888: „Sozialismus und innere Mission sind wie Bruder und Schwester – in beiden fließt das gleiche Lebensblut"), gab diesen Gedanken aber in den späten 1890er Jahren auf, als er ganz in die Politik wechselte und 1907 für die (links-) liberale Freisinnige Partei in den Reichstag einzog. Jetzt übernahm er die Auffassung des Kirchenrechtlers Rudolf Sohm (1841–1917), der davor gewarnt hatte, die IM zu politisieren und zur *pressure group* für soziale Reformen zu machen: Letztere seien ausschließlich Sache des Staates, denn die Umgestaltung der

Friedrich Naumann

Sozial- und Wirtschaftsverhältnisse sei eine Machtfrage, die sich der Kompetenz von Kirche und Diakonie entziehe. Naumann hielt die alte Formel „christlich-sozial" nun für überholt – sie vermische in unzulässiger Weise zwei getrennte Bereiche des gesellschaftlichen Lebens („Entweder wir gehen mit Bismarck oder mit Tolstoi").

Sein Konzept setzte sich allerdings nicht in reiner Form durch: Der deutsche Sozialstaat erwuchs seit Ende des 19. Jahrhunderts sowohl aus religiös-philanthropischen wie aus staatlich-kommunalen Handlungsfeldern und besitzt seitdem eine Sonderstellung im internationalen Vergleich.

Jochen-Christoph Kaiser

• *Ursula Röper / Carola Jüllig (Hg.):* Die Macht der Nächstenliebe. Einhundertfünfzig Jahre Innere Mission und Diakonie 1848-1998. Katalog zur Ausstellung, Nachdruck 2006.

• *Martin Gerhardt:* Ein Jahrhundert Innere Mission, 2 Bände, 1948.

Diakonie und Kirche gehören in theologischer Sicht untrennbar zusammen. Sie sind miteinander verklammert, nicht nur personell, sondern auch rechtlich und institutionell. Auch von außen werden Kirche und Diakonie als zusammengehörend wahrgenommen. Im Urteil vieler, gerade auch kirchenfernerer Menschen ist Kirche durch ihr diakonisches Handeln glaubwürdig und für die Gesellschaft wichtig. Diakonie und Kirche gehören zusammen – gleichwohl ist ihr Verhältnis durch Spannungen geprägt. Die Beziehungsstörungen äußern sich in wechselseitiger Kritik: Die Kirche sei nicht diakonisch genug, die Diakonie nicht kirchlich genug. Solche Vorwürfe wurzeln in geschichtlichen Problemstellungen und nötigen zu grundsätzlicher Betrachtung.

Kirche als Gemeinschaft der Teilhabe und Teilgabe

Kirche ist die Gemeinschaft der Glaubenden. Sie ist zugleich die Gemeinschaft derer, die dazu befreit sind, sich den „Armen" zuzuwenden und damit Gottes Weg in der Welt mitzuvollziehen, wie er in Jesus Christus deutlich geworden ist. „Kirche" – das meint im theologischen Sinn einen Raum, in dem unterschiedliche Menschen miteinander verbunden sind – im Glauben an Gottes versöhnendes Handeln, in der Freude über widerfahrenes Erbarmen und in der Hoffnung auf Gottes Reich. Und „Kirche" meint einen Raum, in dem Solidarität mit jenen kultiviert wird, denen die Freude am Leben vorenthalten wird und deren Hoffnung erstorben ist. Kirche ist Leib Christi. Danach ist die Tischgemeinschaft beim Abendmahl die Grundstruktur der Kirche. Die Gemeinschaft, die durch die Teilhabe an dem einen Brot entsteht, bewährt sich in der Verantwortung füreinander. In den frühen Gemeinden führte der Empfang des himmlischen Brots zum Teilen des irdischen Brots. In der Mahlfeier wird der Zusammenhang von Kirche und Diakonie anschaulich. Diakonie ist ein zentrales Kennzeichen der Kirche.

Geschichtliche Entwicklungen

Mit der Kirche als Gemeinschaft ist das Wesen der Kirche im Blick. Diese Gemeinschaft hat Ordnungen und Ämter ausgeformt, um bestehen zu können. Mit der verfassten Kirche verband sich in unterschiedlicher Weise die Aufgabe, besondere Nöte einer Zeit zu bearbeiten. In der Alten Kirche (2.–5. Jahrhundert) gehörte die Diakonie zu einem der Ämter der Kirche unter dem Bischof und neben dem Priester: Die Diakoninnen / Diakone waren beauftragt, armen und kranken Gemeindegliedern Beistand zu leisten. Im Mittelalter hingegen waren es vor allem die Klöster und die Bettelorden, die – stellvertretend für die Kirche – diakonische Verantwortung übernahmen. In der Reformation gab es wohl Versuche, die Diakonie als Aufgabe der Kirche neu zu gestalten. Sie wurden aber nicht bleibend wirksam. Während soziale Kompetenzen an die Obrigkeit übergingen, wurden Kirche und Gemeinde auf die pastoralen Tätigkeiten von Verkündigung und Gottesdienst verengt.

Im 19. Jahrhundert ging es Johann Hinrich Wichern (→ 1.3) um eine soziale Sensibilisierung der Christen und der evangelischen Kirche. Die Hoffnung auf eine diakonisch handlungsfähige Kirche erfüllte sich indes nicht. Vielmehr entwickelten sich die Innere Mission (IM) und die verfasste Kirche als zwei gesonderte Säulen. Durch die Vereinsform unterstand die IM anderen Rechtsvorgaben als die Kirche. Die Zuordnung zum sozialstaatlichen Netz (→ 2.2) seit der Weimarer Republik, die Rolle als Verband der freien Wohlfahrtspflege und die Professionalisierung helfenden Handelns (→ 4.1) markieren weitere Eigenheiten gegenüber der verfassten Kirche.

Veränderungen bahnten sich im „Dritten Reich" an. Als die Nationalsozialisten versuchten, die IM zu verdrängen, wurden deren Einrichtungen zum rechtlichen Bestandteil der Kirche erklärt – mit der Begründung: „Die Innere Mission ist Wesens- und Lebensäußerung der evangelischen Kirche." (1940).

Diese Formel wurde nach 1945 wegweisend. Damit sind vier Gesichtspunkte verbunden:

Gerhard K. Schäfer   33

1. Theologisch wurde anerkannt, dass die Diakonie zum Wesen der Kirche gehört.
2. Die verfasste Kirche und ihre Diakonie sind heute rechtlich und institutionell miteinander verflochten.
3. Die Einrichtungen der Diakonie haben an der verfassungsrechtlichen Garantie des Selbstbestimmungsrechts der Kirchen teil.
4. Bei aller Verflechtung hat sich die Diakonie ihre organisatorische Selbstständigkeit in den Formen des privaten Vereinsrechts gegenüber der öffentlich-rechtlich verfassten Kirche bewahrt.

Gegenwärtige Heausforderungen und Strategien

Vollzog sich nach 1945 eine Zusammenführung des Zusammengehörenden, so treten seit einigen Jahren neue Herausforderungen zutage: Einerseits geht die Zahl der Kirchenmitglieder zurück, die kirchliche Finanzkraft sinkt. Die Stimmen mehren sich, die einen „Rückzug auf das Eigentliche" der Wortverkündigung propagieren. Andererseits sieht sich die Diakonie zu stärkerer Ökonomisierung gezwungen, um auf dem Sozialmarkt ($\rightarrow$ 2.3) zu bestehen. Durch diese Entwicklungen haben die Spannungen zwischen Kirche und Diakonie zugenommen.

Grob gesagt, zeichnen sich zwei Handlungsstrategien ab. Die erste drängt auf eine stärkere Verkirchlichung der Diakonie: Das kirchliche Profil der Diakonie wird neu betont. Gefordert werden eine verstärkte Anbindung diakonischer Einrichtungen an kirchliche Strukturen und eine verstärkte kirchliche Aufsicht. Eingeklagt wird auch die Kirchlichkeit der Mitarbeitenden.

Die zweite Strategie ist der ersten entgegengesetzt: Hier wird eine Emanzipation der Diakonie von der verfassten Kirche verfolgt. Die Diakonie soll sich nicht länger nur als „Lebens- und Wesensäußerung" der Kirche verstehen, sondern als eigenständige Gestalt von Kirche begreifen. Der „sterbenden" Kirche des Wortes wird die zukunftsfähige Kirche der Tat entgegengestellt.

Beide Strategien stellen Engführungen dar. Die erste vermag den vielgestaltigen Problemstellungen einer Diakonie unter Wettbewerbsbedingungen nicht gerecht zu werden. Die zweite Strategie geht von einer verhängnisvollen Entgegensetzung einer Kirche des Wortes und einer Kirche der Tat aus. Mit ihr droht die Diakonie ihren Rückbezug auf Gemeinden und kirchliche Gruppen zu verlieren.

Denkanstöße

Kirche und Diakonie gehören untrennbar zusammen. Sie sind aber zu unterscheiden, damit es nicht zu gegenseitiger Überforderung kommt und dennoch gemeinsam zielgerichtet gehandelt werden kann. Dabei tut eine inhaltliche Verständigung darüber Not, was es heute heißt, der Vorliebe Gottes für die Armen zu entsprechen.

Im Blick auf das Verhältnis von Kirche und Diakonie ist auszugehen von den grundlegenden Dimensionen des kirchlichen Auftrags: Feier des Lebens in Gottes Gegenwart, Verkündigung der versöhnenden Kraft der Liebe Gottes, Beistand in leiblichen, sozialen und seelischen Nöten, Bildung als Entfaltung des Menschen. Diese Dimensionen greifen ineinander und sind zugleich bestimmten Handlungsfeldern schwerpunktartig zugeordnet. Das Hilfehandeln ist besonders der institutionalisierten Diakonie zugeordnet, ohne freilich darin aufzugehen. Die grundlegenden Handlungsvollzüge sind gleichrangig. Wesentlich ist, dass sie aufeinander bezogen bleiben. Sie ergänzen und vertiefen einander. So sind z.B. Diakonie und Verkündigung aufeinander angewiesen. Diakonie wird ohne Bezug zur Verkündigung blind und verliert ihren Grund. Und umgekehrt wird die Wortverkündigung leer und unglaubwürdig, wenn sie nicht in einem Tun der Liebe mündet.

Notwendig sind Netzwerke zwischen Kirchengemeinden, Initiativgruppen und diakonischen Einrichtungen. Es kommt darauf an, dass die organisierte Diakonie Brücken zur Ortsgemeinde schlägt und dazu beiträgt, dass Gemeinden ihre diakonischen Möglichkeiten wahrnehmen. Der Zusammenarbeit zwischen professionell und ehrenamtlich Helfenden und der Unterstützung von Ehrenamtlichen durch Hauptamtliche kommt in Zukunft besondere Bedeutung zu. Asylgruppen z.B. setzen prophetische Zeichen. Sie fordern damit

Kirche und Diakonie heraus und sind zugleich darauf angewiesen, dass ihr Anliegen breite Unterstützung findet. Insgesamt geht es darum, unterschiedliche Gaben, Kompetenzen und Hilfeformen zu verknüpfen – damit ganzheitliche Hilfe möglich wird und Felder der Teilhabe und Teilgabe entstehen.

Gerhard K. Schäfer

- *Klaus D. Hildemann (Hg.):* Kirche der Freiheit – Diakonie der Knechtschaft? Wie Kirche und Diakonie voneinander profitieren können, 2008.

- *Desmond Bell / Wolfgang Maaser / Gerhard K. Schäfer (Hg.):* Diakonie im Übergang, 2007.

- *Klaus Kohl:* Christi Wesen am Markt. Eine Studie zur Rede von der Diakonie als Wesens- und Lebensäußerung der Kirche, 2007.

Wie und wo wird Diakonie gelehrt? Und: Wie hilft Diakonie durch Bildungsmaßnahmen? Bildung besteht nicht nur aus einer Erweiterung des Wissens durch Kenntnisse, sondern ist als ein umfassender Lern- und Entwicklungsprozess zu verstehen. Dieser

1. hat die Gesamtheit der gesellschaftlichen Lebensverhältnisse im Blick,
2. hilft, Visionen von gerechteren Lebensverhältnissen zu entwerfen,
3. stärkt die persönliche Mündigkeit und moralische Selbstverantwortung ebenso wie
4. das Wissen um die geschichtlich wirksamen (religiösen) Überlieferungen und
5. führt zu einer erweiterten Fähigkeit der sozialen Verständigungs- und sprachlichen Kommunikationsfähigkeit (vgl. Karl Ernst Nipkow).

Wie und wo wird Diakonie gelernt und gelehrt?

a) *Diakonisches Lernen:* Mit diesem Begriff wird ein Konzept diakonischer Bildung beschrieben, das in Schulen und Hochschulen vielfältig erprobt wurde. Ziel des Lernens ist es, die eigene Lebenssituation mit der anderer Menschen in Kontakt zu bringen und dadurch die sozialen und kommunikativen Fähigkeiten der Beteiligten zu erhöhen. Ziel ist auch, Arbeits- und Organisationsziele und die eigenen Lebensentwürfe ethisch zu überdenken.

Schon in der Kindergartenarbeit (→ 3.2) wirken sich soziale Risiken (Migration, Bildungsferne, Armut) aus. Soziales Verhalten, interkulturelle und interreligiöse Fähigkeiten gehören zum diakonischen Lernen in Kindertagesstätten. Diakonisches Lernen wird in verschiedenen schulischen und außerschulischen Konzepten als „Lernen in fremden Lebenswelten" (Gabriele Bartsch) definiert. Eine Reihe von

Modellen des Lernens in Praxisprojekten ist mittlerweile beschrieben worden, z.B. Schülermentorenprogramme: Gemeinsames diakonisches Lernen von Auszubildenden eines Versicherungsanbieters mit Auszubildenden einer Körperbehinderten-Ausbildungsstätte oder gemeinsames Lernen von Führungskräften und Menschen mit Assistenzbedarf, die in einer Behindertenwerkstatt (→ 3.4) arbeiten.

Modelle diakonischen Lernens sind eng mit Entwürfen des diakonischen Gemeindeaufbaus (→ 5.1) verbunden. In der Mitarbeit in Vesperkirchen oder Tafelläden, in Kontaktbüros und Besuchsdiensten können Menschen ihre Einsicht in fremde und eigene Lebensentwürfe erweitern und ihre Fähigkeit zu Mitgefühl und zum Verstehen fremder Lebenswege vertiefen.

Diakonisches Lernen ist der Name für ein pädagogisches Konzept des christlich verantworteten solidarisches Lernens. Es geht darum, die Fähigkeit zu stärken, einander wahrzunehmen und zu verstehen über die Grenzen unterschiedlicher Kulturen, Milieus und Lebenswelten hinweg. Es geht darum, die Fähigkeit zu stärken, die eigene Hilfsbedürftigkeit als Grundlage und Ausgangspunkt zu bedenken. Es geht darum, Visionen einer gerechten Welt zu formulieren und individuelle Fragen einer sinnvollen Lebensgestaltung aufzuwerfen. Diakonisches Lernen liefert deshalb auch einen Beitrag zur Vorbeugung gegen Gewalt und Konflikte.

b) *Diakonische Bildung an Schulen und Hochschulen:* An evangelischen Schulen, Fach- und Fachhochschulen und an den wenigen universitären diakoniewissenschaftlichen Instituten werden durch Projekte und Praktika ebenfalls Methoden des sozialen Lernens angewandt. Darüber hinaus sieht der Lehrplan vor, Wissen über die biblische und kirchliche Tradition sowie über Theologie und Ethik der Diakonie zu vermitteln. Dies geschieht an Fach- und Fachhochschulen sowohl in der Ausbildung von Diakon/innen als auch in der von Erzieher/innen, Heilpädagog/innen und Sozialarbeiter/innen. Dabei geht es um biblische Grundlagen diakonischen Handelns (insbesondere in der Ausbildung von Diakon/innen), biblisch-theologische Ansätze der Ethik und des sozialen Handelns, die Geschichte der Diakonie als eine der kulturprägenden Traditionen in Europa (insbesondere die Gründergeneration im 18. und 19. Jahrhundert), die Bedingungen des diakonischen Handelns in Kirche und Sozialstaat und Kenntnisse im Sozialmanagement. Diakonenausbildungen haben in der Regel eine doppelte Qualifikation zum Ziel – christlich-diakonische Inhalte einerseits und andererseits sozialarbeiterische, pflegerische oder pädagogische Fachausbildung z.B. der Sozialen Arbeit, Pflegewissenschaft, Pädagogik oder Heilpädagogik (vgl. dazu die Tätigkeitsprofile, entwickelt von der Konferenz der Ausbildungsleiter/innen des VEDD [www.vedd.de]).

Im Theologiestudium spielt die Diakoniewissenschaft (noch immer) eine untergeordnete Rolle; sie ist als Wahl- oder Nebenfach dem Fach Praktische Theologie zugeordnet. In der folgenden praktischen Ausbildungsphase (Vikariat) werden diakoniewissenschaftliche Inhalte in zahlreichen Landeskirchen der EKD vermittelt.

Es gibt vielfältige Fortbildungs- und Weiterbildungsangebote von Fachhochschulen, diakonischen Einrichtungen, diakonischen Werken, Fachverbänden und Akademien. Besonderer Bedarf besteht darin, Mitarbeitende zu Fragen des „Diakonischen Profils" intensiver zu bilden. Masterstudiengänge z.B. der Diakoniewissenschaft, des Diakoniemanagements und Sozialmanagements werden (z.T. auch mit internationalem Profil) von Fachhochschulen und Universitäten angeboten.

Die Bildungsverantwortung der Diakonie

a) *Bildung und Teilhabe:* Der soziale Auftrag der Diakonie ist eng mit ihrem Bildungsauftrag verbunden. Denn Bildung ermöglicht Teilhabe (eröffnet Möglichkeiten für den Beruf und die Integration in die Gesellschaft) und sie hilft mit erweiterten Fähigkeiten bei die Bewältigung persönlicher und beruflicher Krisen. Gesundheitsvorsorge und Vorbeugung gegen Gewalt, Entfaltung von individuellem Sinn, gesellschaftliche Solidarität – immer leistet Bildung einen wichtigen Beitrag dazu. Schon Martin Luther hatte in der Bekämpfung des mittelalterlichen Bettelwesens dafür plädiert, arme Kinder und

Waisenkinder nicht nur mit dem Lebensnotwendigen zu versorgen, sondern sie auch in Lesen, Schreiben, Rechnen und dem christlichen Katechismus zu unterrichten. Begabte Kinder sollten durch Stipendien gleichermaßen dahingehend gefördert werden, dass sie später ihren Lebensunterhalt durch Arbeit (und nicht durch Bettelei) bestreiten konnten. Auf diesen Grundsatz geht die Umwandlung von Klöstern in evangelische Internate und die Vergabe von Begabtenstipendien zurück (z.B. Kloster Maulbronn, Evangelisches Stift in Tübingen), die nicht nur den evangelischen Nachwuchs förderten, sondern auch begabten Kindern aus armen Familien Bildung und Berufsaussichten eröffneten.

Der Zusammenhang von Teilhabe und Bildung hat auch die Gründergeneration im 19. Jahrhundert (→ 1.3) geleitet: Johann Hinrich Wicherns pädagogisches Konzept z.B. schloss berufliche Ausbildung der Kinder im Rauhen Haus ebenso ein wie kulturelle (Musik und Kunst) und lebenspraktische Bildung (Hauswirtschaft und Gartenbau). Und die Nähkreise im Fliednerschen Gartenhaus dienten der Bildung ebenso wie die spätere Ausbildung von Frauen in der Pflege und der Erziehung von Kindern in den Kinderheimen.

b) *Bildungsangebote der Diakonie:* Die zahlreichen Bildungsangebote der Diakonie haben unterschiedliche Ebenen.

1. Es wird lebenspraktisches Wissen vermittelt mit Hilfe sozialpädagogischer Methoden: Die Einübung von Haushaltsführung, Gesundheitsvorsorge, von strukturierten Tagesabläufen usw. ist an den Erfordernissen des Alltags ausgerichtet. Sie findet sich als Bestandteil der diakonischen Hilfen zur Erziehung, der Sozialpsychiatrie, der Wohnungslosenhilfe, der Arbeit mit Menschen mit Assistenzbedarf oder der Unterstützung von Familien in Armutssituationen und Gesundheitsproblemen.

2. Auf gesellschaftliche Integration und berufliche Teilhabe zielen auch die beruflichen Bildungs- und Weiterbildungsangebote, z.B. in den Werk- und Ausbildungsstätten für Menschen mit Assistenzbedarf

oder in Angeboten der beruflichen (Fort-) Bildung für Menschen mit Migrationshintergrund und für Menschen aus bildungsfernen Milieus.

3. Sozialpädagogisches Handeln zielt darauf, Selbstbestimmung und Selbsthilfe zu erweitern, Netzwerke zu bilden, individuelle Fähigkeiten und gesellschaftliche Angebote zu erschließen und das Gemeinwesen über die Grenzen von Kulturen solidarisch zu gestalten.

Annette Noller

- *Gottfried Adam / Helmut Hanisch / Heinz Schmidt / Renate Zitt (Hg.):* Unterwegs zu einer Kultur des Helfens. Handbuch des diakonisch-sozialen Lernens, 2006.

- *Helmut Hanisch / Heinz Schmidt (Hg.):* Diakonische Bildung, 2004.

Eine weite Vorstellung über Diakonie hatte Johann Hinrich Wichern (1808–1881), der Begründer der modernen Diakonie (→ 1.3). Er sprach von der freien, der kirchlichen und der staatlichen Diakonie. In freien Vereinen, bei kirchlichen und staatlichen Institutionen, überall konnte er sich vorstellen, dass Christen zum Wohle von Menschen wirken. So wird Diakonie als vom Evangelium begründete soziale Arbeit durch mehr als durch ein gemeinsames Logo, das Kronenkreuz (→ 6.2), zusammengehalten. Es gibt gemeinsame Funktionen, Aufgabenstellungen, die von Grund auf zur Diakonie gehören. Diese werden im Folgenden zusammenfassend beschrieben.

Seismograph für neue gesellschaftliche Herausforderungen

Häufig sind es Menschen aus den Kirchengemeinden, die neue soziale Problemlagen entdecken. Vesperkirchen, Tafelläden, neue Beratungsdienste oder Agenturen zur Unterstützung im häuslichen Bereich sind entstanden. Aus Sitzwachen am Sterbebett wurde die Hospizbewegung. Wie schon im 19. Jahrhundert, so gibt es auch heute unmittelbare Reaktionen von Menschen auf soziale Herausforderungen, für die es bislang noch keine ausreichenden Antworten gegeben hat. Menschen haben so, wie ein Seismograph die Erdbeben wahrnimmt, gesellschaftliche Erschütterungen frühzeitig gespürt, kundgetan und daraufhin gehandelt. Der Soziologe Jürgen Habermas hat dieses Tun einmal so beschrieben: „Die Zivilgesellschaft setzt sich aus jenen mehr oder weniger spontan entstandenen Vereinigungen, Organisationen und Bewegungen zusammen, welche die Resonanz, die die gesellschaftlichen Problemlagen in den privaten Lebensbereichen finden, aufnehmen, kondensieren und laut verstärkend an die politische Öffentlichkeit weiterleiten."

Das ist die grundlegende Aufgabe der Diakonie, dass sich Menschen zusammenfinden, um erste Lösungsansätze zu erarbeiten. In der Regel sind diese spontanen Gruppen zunächst ehrenamtlich organisiert (→ 4.3), sie nehmen dann aber Strukturen an, die häufig eine fachliche, professionelle Unterstützung brauchen und sich deshalb nach und nach zu festen Organisationen verändern. Es entstehen jedoch immer wieder neue Initiativen. Im evangelischen Bereich sind sie als Basisorganisationen der Diakonie zu verstehen.

Profiliertes Unternehmertum

Die diakonischen Unternehmen, Heime, Werkstätten, Krankenhäuser, soziale Dienste usw., die oft aus zivilgesellschaftlichen Initiativen entstanden sind, erfüllen heute eine Funktion auf dem so genannten Sozialmarkt (→ 2.3). Dieser hat gesetzliche Grundlagen (Sozialgesetzbücher) und wird deshalb auch in der Regel durch Leistungsentgelte verschiedenster Kassen wie Krankenkasse, Pflegekasse, Rentenversicherung, Arbeitslosenversicherung oder die Träger der Sozialhilfe finanziert. Es handelt sich hierbei nicht um einen echten Markt, der sich durch Angebot und Nachfrage reguliert, sondern um einen vielfach regulierten Markt, in dem häufig Qualitätsvereinbarungen und Preisvereinbarungen vorgegeben sind. Die diakonischen Träger haben die Aufgabe, ihre gesetzlichen Vorgaben zu erfüllen und gleichzeitig dafür Sorge zu tragen, dass ihre Dienstleistungen im vorgegebenen Rahmen auch angenommen werden. Die Diakonie nimmt also in der Form selbstständiger diakonischer Unternehmen (→ 5.3) an der Daseinsvorsorge für die Bevölkerung in Deutschland teil. Diakonische Unternehmen sind gemeinnützig, sie dienen dem Gemeinwohl und haben sich an gesetzliche Bestimmungen zu halten, die ihnen einerseits Vorteile bieten (z.B. Steuererleichterungen, Einbindung von Ehrenamtlichen, Investitionszuschüsse), aber sie sind andererseits rechtlich auch gebunden (keine Gewinnausschüttung, keine unverhältnismäßig hohen Gehälter, die Verwendung des Geldes nur für gemeinnützige satzungsgemäße Zwecke). Diese Form des gemeinnützigen Unternehmertums im Rahmen der deutschen Wohlfahrtspflege ist einmalig in Europa. Durch die Teilnahme am Sozialmarkt wird es der Diakonie insgesamt ermöglicht, die Lage sowohl der Versorgung der Bevölkerung als auch der

Klaus-Dieter K. Kottnik

Mitarbeitenden zu kennen und öffentlich zu vertreten. Die diakonischen Unternehmen folgen Leitbildern, die ihre Werte aus der Bibel beziehen. Für sie gilt ein Bild von Menschen, das Würde und Achtung in jeder Lebenslage verlangt und das sich in der Atmosphäre und den Umgangsformen, aber auch in der Qualität der Dienstleistungen niederschlägt. In den diakonischen Unternehmen gehören deshalb seelsorgerliche Unterstützung, Gottesdienste, Gebete, Andachten oder Sterbebegleitung zu ihrer evangelisch geprägten Dienstleistung auf dem Sozialmarkt.

Politische Vertretung als Wohlfahrtsverband

Wichern hat 1848 den „Central-Ausschuß für die Innere Mission" als ersten Wohlfahrtsverband gegründet und damit die Grundlage für das deutsche Wohlfahrtswesen gelegt. Der deutsche Sozialstaat (→ 2.2) wird durch die derzeit sechs Verbände der Freien Wohlfahrtspflege geprägt. Diese bilden die „Bundesarbeitsgemeinschaft der Freien Wohlfahrtspflege", die sich zu gemeinsamer politischer Willensbildung in Bezug auf alle sozialpolitischen Fragen untereinander abstimmt. Häufig ist es möglich, eine gemeinsame Meinung zu vertreten. Die Wohlfahrtsverbände sollen an der sozialpolitischen Willensbildung mitwirken und stehen deshalb mit ihren Experten den Ministerien und den Abgeordneten als kundige Fachleute für soziale Fragen zur Verfügung. Von großem Nutzen ist die Kenntnis der konkreten Arbeit sowohl derer, die in der Zivilgesellschaft handeln, als auch der Sozialunternehmen.

Als evangelischer Wohlfahrtsverband ist die Diakonie der soziale Teil der Kirche (→ 1.4). „Die Liebe gehört mir wie der Glaube" hat Wichern gesagt, die Verkündigung der Frohen Botschaft vom Reich Gottes und die gesellschaftspolitische Aktivität gehören in einer Kirche zusammen. Deshalb steht die Diakonie unter Kirchenrecht. Mitarbeitende in der Diakonie wirken zugleich in der Kirche mit. Die Diakonie fördert insofern die sozialpolitische Kompetenz kirchlichen Redens. Und umgekehrt wird das Reden und Handeln der Diakonie als öffentliches Auftreten der evangelischen Kirche verstanden. Das politische Handeln und Reden der Diakonie begründet sich aus dem Evangelium. Als evangelischer Verband wirkt die Diakonie daran mit, dass aus Barmherzigkeit (unmittelbares zivilgesellschaftliches Handeln in Notlagen) Gerechtigkeit wird (die Initiative, gesetzliche Grundlagen zur verlässlichen Beantwortung sozialer Notlagen zu schaffen). Das gilt auch für die europäische Ebene (→ 6.3).

Qualitätsentwicklung: „Suchet der Stadt Bestes"
(Jeremia 29,7)

Aufgrund ihres Anspruches, die Menschen möglichst umfassend unterstützen zu können, hat sich seit Beginn der Diakonie im 19. Jahrhundert die Erkenntnis durchgesetzt, dass zur guten Leistung eine gute Ausbildung gehört (→ 4.1). Wissen und geistliche Kompetenz bilden den Zweiklang in den diakonischen Berufen. Daraus haben sich Qualitätsvorstellungen entwickelt, die in Handbüchern und Zertifikaten ihren Niederschlag finden. Die Stätten der Qualifikation bilden Menschen für den Bedarf innerhalb der Diakonie aus und stellen diese Qualifikation anderen Trägern der sozialen Arbeit zur Verfügung. Zur diakonischen Qualität gehört neben dem Fachkönnen auch das Wissen um die Ganzheitlichkeit des Menschen, um seine seelischen und religiösen Bedürfnisse und seine Spiritualität (→ 6.1). Das fachliche Handeln wird deshalb immer wieder im Lichte theologischer Erkenntnisse reflektiert und diakonisch präzisiert. Deshalb gehört zur diakonischen Qualität auch die stete Weiterentwicklung der erworbenen Kenntnisse und des Wissens der Mitarbeiterschaft. Qualität lässt sich ebenso an den Baulichkeiten erkennen. Schon in den Anfängen der Inneren Mission wurde viel Wert auf die Architektur gelegt, die dem Menschen dienlich sein soll.

Volksmission

Wichern wollte neben der Bekämpfung sozialer Nöte auch die innere Erneuerung der Bevölkerung durch die Begegnung mit dem Evangelium bewirken. Deshalb gehört zur Diakonie der Anspruch,

Menschen die Gelegenheit zur Begegnung mit der Frohen Botschaft von Jesus Christus zu geben. Die Diakonie trägt Sorge dafür, dass Menschen, die in der Diakonie arbeiten, die Möglichkeit erhalten, sprachfähig in Bezug auf ihren Glauben zu sein oder zu werden. Reden über den Glauben gehört zur freien Atmosphäre der Diakonie. Die Arbeitsgemeinschaft Missionarische Dienste innerhalb des Diakonischen Werkes der Evangelischen Kirche in Deutschland gibt dafür besondere Hilfestellungen. Sie arbeitet an der missionarischen Profilierung der evangelischen Kirche mit.

Die Diakonie, die Johann Hinrich Wichern ins Leben gerufen hat, tritt in Deutschland in vielerlei Gestalt auf. Sie hat europäische Wirkung gehabt. Das Kronenkreuz kann man auch in anderen Ländern sehen. Die unterschiedlichen Ausprägungen gehören unverbrüchlich zusammen und bilden so das Ganze der Diakonie.

Klaus-Dieter K. Kottnik

- *Volker Herrmann / Jürgen Gohde / Heinz Schmidt:* Johann Hinrich Wichern – Erbe und Auftrag (Veröffentlichungen des Diakonie-Wissenschaftlichen Insitutes 30), 2007.

- *Günter Ruddat / Gerhard K. Schäfer (Hg.):* Diakonisches Kompendium, 2005.

- *Johann Hinrich Wichern:* Rede auf dem Wittenberger Kirchentag [1848], in: Sämtliche Werke 1, 1962, 155-165.

- *Martin Gerhardt:* Johann Hinrich Wichern. Ein Lebensbild, Bd. 1-3, 1927–1931.

2. In welchem Umfeld geschieht Diakonie?

Was sind die Kräfte, die auf die Diakonie einwirken? In was für ein gesellschaftliches Gefüge ist sie eingebunden? Mit welchen anderen Gestalten des Helfens und welchen Partnern hat sie zu tun?

Der Artikel „Kulturen des Helfens" (2.1) beschreibt verschiedenartige Logiken des Helfens; er will Sinn dafür wecken, wie auch andere Hilfekulturen neben der Diakonie in Deutschland von Bedeutung sind. Der zweite Artikel des Kapitels zeigt auf, welche Rolle die Diakonie im „Sozialstaat" (2.2) hat, jenem Gefüge aus Regelungen, Gesetzen und Verfahren, die der Staat sich gibt, um seinen Bürgern zu helfen. Doch inzwischen entwickelt sich der Sozialstaat fort zu einem „Sozialmarkt" (2.3), einer Konkurrenz der Anbieter von Hilfeleistungen im Wettbewerb um Kunden. Zugleich ist Diakonie häufig bezogen auf ein „Gemeinwesen" (2.4), auf das Zusammenleben der Menschen vor Ort, und nimmt an diesem fördernd teil. Schließlich: Auch die evangelische Diakonie ist eine Gesellschaftsaufgabe mit Beziehung zu einer Vielzahl von Kirchen. Das Diakonische Werk der Evangelischen Kirche in Deutschland ist mehr als nur die Diakonie der evangelischen Landeskirchen. Zu ihm gehören ebenso viele der kleinen evangelischen Kirchen. Es gibt hier eine „diakonische Ökumene" (2.5) evangelischer Kirchen. *E.H.*

Kulturen des Helfens

Sozialstaat

Sozialmarkt

Gemeinwesen

Ökumene

Umberto Boccioni (1882-1916), *Simultan-Vision*, 1911; Öl auf Leinwand, 61 × 60 cm; Von der Heydt-Museum, Wuppertal.

Begeistert von den Möglichkeiten der eigenen Zeit, thematisierten die Futuristen in ihren Werken vor allem das moderne Stadtleben, Technik und Geschwindigkeit. Für den Maler und Plastiker Boccioni standen die Darstellung von Bewegung und die Wahrnehmung der von Bewegung wesentlich geprägten Wirklichkeit durch den Menschen im Vordergrund.

In der „Simultan-Vision" wird der Betrachterblick durch die als Rückenfigur fungierende Frauengestalt ins Bild gelenkt, das als Motiv eine von Hochhäusern gesäumte Straßenschlucht mit Fußgängern und Kutsche zeigt, auf welche die Frau herabschaut.

An die Stelle einer einheitlichen Bildraumsituation ist hier aber die Simultaneität verschiedener Ansichten und eine von der Bildmitte ausgehende Auffächerung und Zersplitterung der Formen und Flächen getreten. Formflächen übergreifende Konturen und Linien verbinden die Segmente bildgestalterisch. Die Dynamik dieser Komposition wird durch das koloristische Farbkonzept und die Kontraste noch gesteigert.

Boccioni bringt damit gestalterisch sowohl das pulsierende Leben in der Stadt als auch dessen Erleben zum Ausdruck: als Gleichzeitigkeit verschiedener Ereignisse und Eindrücke, als Wahrnehmung und damit aus wechselnden Ansichten eines Gegenstandes im Bewegungsablauf. Dem Maler gelingt es damit, seine Auffassung von der Vielschichtigkeit und Vielgestaltigkeit der menschlichen Umwelt und der Wahrnehmungszusammenhänge, in denen der Mensch steht, gestalterisch umzusetzen.

Kerstin Clasen

Da gibt z.B. jemand einer anderen Person einen Zentner Kartoffeln. Meistens ist das ein Lebensmittelkauf – Geld gegen Ware. Es könnte auch Bestechung oder Berechnung sein: ein „Geschenk" zum Zwecke der späteren Bevorzugung. Wenn es als „Helfen" gilt, wird das Geben in bestimmter Weise gedeutet: Jemand braucht etwas (Nahrung, um durch den Winter zu kommen) – und eine andere Person nimmt dies wahr und gibt, was gebraucht wird. Jemand gibt zu verstehen: Ich habe Not, und jemand anderes gibt zu verstehen: Ich will dir in deiner Not helfen.

Für ein menschliches Miteinander muss man wissen, was Hilfe ist und was Hilfe leistet. Es gehört zum Menschsein dazu. Alle Gesellschaften haben Arten und Weisen des Helfens entwickelt. Es gehört zur Kultur einer Gesellschaft, wie sie Helfen gestaltet; und in einer vielfältig gewordenen Gesellschaft wie der unseren gibt es auch verschiedenartige Teilkulturen des Helfens nebeneinander.

Typen des Helfens

Auf der Grundlage der Beschreibung des Helfens in drei Gesellschaftstypen durch den Systemtheoretiker Niklas Luhmann seien drei Typen des Helfens unterschieden:

- *Helfen auf Gegenseitigkeit:* Das ist die kulturgeschichtlich älteste Form des Helfens, die schon die Steinzeitmenschen kannten. Es wird als Selbstverständlichkeit des Alltags erlernt – eine Sitte, über die man gar nicht nachzudenken braucht. Wo alle in ähnlicher Weise helfen können und schon bald ebenso Hilfe brauchen, funktioniert sie auch heute noch so. Der Bitte um Nachbarschaftshilfe (Blumengießen im Urlaub, ein Päckchen Backpulver nach Ladenschluss) wird sich keiner entziehen. Seit dem 18., 19. Jahrhundert gelten Ehe (Partnerschaft) und Kleinfamilie als der Ort, wo die gegenseitige Liebe erlernt bzw. gepflegt wird. Auch heute noch – trotz aller Brüchigkeit des Familienwunschbildes – ist es in großen Lebenskrisen die Familie, von der zuerst Hilfe erwartet wird. In den letzten 30 Jahren ist die gegenseitige Hilfe durch Netzwerke Gleichinteressierter hinzugekommen. Je nach Lebenslage und Bedürfnis kann und soll der Einzelne die Beziehungen selbst aufbauen und pflegen, sein Netz aus gegenseitiger Hilfe sich selbst basteln. Selbsthilfegruppen sind auch solche Netzwerke.

- *Helfen aus Glaubens- und Gewissensgründen:* Die selbstverständliche Gegenseitigkeit reichte für die Gesellschaft dann nicht mehr aus, als es Reiche und Arme nebeneinander gab: Da wurde es ja für die Reichen sehr unwahrscheinlich, dass sie auch mal Hilfe brauchen. In dieser Situation bekommt – und man kann das schon an den antiken Hochkulturen sehen – die Religion eine große Bedeutung für das Helfen. So gut wie alle Religionen sagen: Gott hilft und er will, dass die Menschen auch helfen. Wer hilft, ist darum ein guter Mensch und er wird dereinst von Gott belohnt. Das Problem dabei ist: Das Helfen richtet sich dann doch zuletzt daran aus, selbst mit ruhigem Gewissen schlafen zu können, bei den anderen angesehen zu sein und etwas für sich selbst, fürs Seelenheil getan zu haben. Der Hilfebedürftige wird dann mehr zu einem bloßen Mittel herabgestuft für die eigenen Zwecke des Helfers. Den Christen steht freilich das Bild vor Augen: In jeder Person, der sie helfen, begegnet ihnen Christus selbst (Matthäus 25,35+36). Da wird der Hilfebedürftige so hoch aufgewertet, wie es nur geht. Und Martin Luther hat sich seinerzeit scharf gegen die Vorstellung der Kirche seiner Zeit gewendet, man könne sich durch Geldzahlungen (sog. *Ablass*) Seelenheil erwerben. Er hat die Hilfe für den Nächsten, die sich an dessen Hilfebedarf ausrichtet, als das angemessene Tun dagegen gesetzt. Wenn heute große Medienkampagnen Millionen an Spendengeldern einspielen, dann deshalb, weil die Bilder unmittelbar an das Gewissen appellieren, etwas Gutes tun zu müssen angesichts der Not.

- *Helfen als Rechtsanspruch:* Hilfebedürftige waren zu früheren Zeiten auf Almosen angewiesen. Im Sozialstaat (→ 2.2) hingegen bekommen sie verbriefte Rechte auf Hilfe. Diese geschieht durch fachliche Berufshelfer (→ 4.1) in Organisationen, die ihr Tun auf jeweils bestimmte Sorten von Hilfe beschränken. Die Nichtprofessionellen, sofern sie nicht zu den Ehrenamtlichen gehören (→ 4.3), beteiligen sich vor allem durch Geldspenden für Hilfeorganisationen. Hilfesuchende müssen nicht mehr an das Gewissen anderer appellieren, sondern ihren Hilfebedarf so darstellen können, dass er zu den vorgesehenen Rechtsansprüchen und Hilfeprogrammen passt. Die Hilfeorganisationen bezahlen ihre Arbeitnehmer für das Helfen. Ist damit auch in den Organisationen der Diakonie das Helfen aus Glaubensgründen überflüssig geworden? Welche Rolle hat dort diakonische Frömmigkeit und Spiritualität (→ 6.1)?

Hilfekulturen in Deutschland

Diakonie, Caritas, jüdischer Wohlfahrtsverband und ebenso die Arbeiterwohlfahrt haben ihre Wurzeln in Überzeugungen über das Helfen. Diese wirken auch in der Gegenwart nach und wirken weiterhin ein als unterschiedliche Kulturen des Helfens. Diese sind schwer genau fassbar. Dennoch sei hier der Versuch gemacht, die Diakonie und auch anderen Hilfekulturen dementsprechend zu charakterisieren und ihre Unterschiede aufzuzeigen.

1. Diakonie: Der evangelische Denk- und Erfahrungsstil ist davon geprägt, Unterscheidungen deutlich zu machen, sie als Gegensätze herauszuarbeiten, und dann in einem zweiten Schritt nach der Beziehung zueinander zu suchen: Glaube und (diakonische) Liebe, Wort und (diakonische) Tat. Die moderne Diakonie im 19. Jahrhundert (→ 1.3) entstand auch organisatorisch ganz unabhängig von der Amtskirche, nämlich durch Bildung von bürgerlichen freien Vereinen. Dass und wie Glaube und Liebe ebenso wie Diakonie und Kirche (→ 1.4) dann eben doch zusammengehören, wird hier eine Aufgabenstellung, an der man sich abarbeitet.

Eberhard Hauschildt

2. Caritas: Der katholische Denkstil ist demgegenüber mehr auf die Einordnung unter ein großes gemeinsames Dach bezogen. Die Liebe gilt als Form des Glaubens. Obwohl die Caritasvereine in ähnlicher Weise entstanden wie die der Diakonie, waren die Nonnen und Ordensleute althergebrachter Teil der Kirche, während die Diakonie neue evangelische Berufe der Diakonisse und des Diakons erfand und in eigenen Anstalten ausbildete. Die Caritas untersteht der Weisungsbefugnis des jeweiligen Bischofs. So erscheint Caritas als eine Ausprägung von Kirche unter der Leitung von Bischöfen und Päpsten. Darum konnte auch von päpstlicher Seite abgeschafft werden, dass Caritas-Organisationen sich an der Aushändigung von Beratungsscheinen beteiligen, die auch für einen Schwangerschaftsabbruch genutzt werden können. Ein großer katholischer, auch internationaler Sozialverband ist heute das Kolpingwerk.

3. Jüdische Wohlfahrtspflege: Während beide christlichen Hilfetraditionen ihr Handeln unter den Oberbegriff der Liebe fassen, die dazu auffordert, sich für Recht und Gerechtigkeit einzusetzen, betont die jüdische Tradition, dass sie hier den göttlichen Geboten, einem Gesetz folgt. Ein „Armer" zu sein, ist ein von Gott geschaffener Ehrentitel, jeder „Arme" erinnert an die Knechtschaft des jüdischen Volkes in Ägypten, dem Gott sein Recht verschaffte. Helfen ist eine Pflicht, Helfen als reine Liebe gilt als zu innerlich und auf Gefühle beschränkt.

4. Arbeitertradition: Kernbegriff für das Helfen in der Arbeitertradition ist die Solidarität, das gegenseitige Füreinander-Einstehen in der Arbeiterklasse. Im Vordergrund stand das politische Handeln, der Kampf für einen Staat unter Beteiligung der Arbeiterklasse, der die sozialen Probleme lösen sollte. Aber als die Wohlfahrtsverbände in Deutschland in den 1920er Jahren eine so wichtige Stellung bekamen (→ 2.2), schuf man die Arbeiterwohlfahrt als Hilfeorganisation, damit die Arbeiter nicht nur Hilfe in Organisationen bekamen, die vom bürgerlichen Christentum geprägt waren. In der DDR wurde von Partei und Staat die „Volkssolidarität" aufgebaut. Sie ist noch heute in den östlichen Bundesländern ein großer Wohlfahrtsverband.

5. Islam: Der Islam wertet die „Zakat" als eine der fünf grundlegenden Pflichten (fünf Säulen des Islam). Gemeint ist damit eine Steuer für die Armen und soziale Zwecke, erhoben auf Erträge des Jahres. In vielen islamischen Gesellschaften gibt es eine dementsprechende Sozialsteuer. „Sadaquat" ist die darüber hinausgehende mildtätige Tat. Zur Zeit besteht noch kein muslimischer Wohlfahrtsverband – soziale Hilfe geschieht aber auch in muslimischen Vereinen.

Alle diese religiösen bzw. weltanschaulichen Hilfekulturen nehmen für sich intensivere Beweggründe fürs Helfen und deshalb größere Aufmerksamkeit in der sozialen Arbeit in Anspruch. Von außerhalb wird befürchtet, es gehe letztlich doch vor allem um Werbung für die eigene Religion oder Weltanschauung.

Zwei weitere Trends verändern die Hilfekulturen, nähern sie einander an und bringen sie in Spannung zu ihren Ursprüngen: Mit der Einbindung in den Sozialstaat (→ 2.2) wird einerseits das Helfen gerechter und berechenbarer verteilt, andererseits nehmen Verwaltung und Bürokratie zu. Mit der Umgestaltung zu Unternehmen (→ 5.3) und der Konkurrenz durch gewinnorientierte Anbieter auf dem Sozialmarkt (→ 2.3) stellt sich die Frage, inwiefern die eigene Hilfekultur auch als ein Sonderstellungsmerkmal beworben werden kann. Die Diakonie sollte hier deutlich machen, dass es bei ihr – für alle Menschen – besondere Aufmerksamkeit gibt für ethische Zwickmühlen und religiöse Fragen. Lösungen werden dabei nicht von oben her vorgegeben und religiöse Überzeugungen nicht aufgedrückt. Es geht ihr vielmehr auch hier um diakonische Bildung (→ 1.5)

Eberhard Hauschildt

· Diakonie der Religionen, Bde. 1-3, 1996, 2005, 2006.

· *Siddy Wronsky (Hg.):* Quellenbuch zur Geschichte der Wohlfahrtspflege, 1925.

Unter Sozialstaat (vgl. Art. 20 Grundgesetz) ist ein vielgestaltiges System von Gesetzen und Institutionen zu verstehen. Es hilft Bevölkerungsgruppen, die aufgrund ihres Besitzes nicht ihren Lebensunterhalt und ihre Absicherung gegen Lebensrisiken sicherstellen können. Dazu dienen Regelungen der Arbeitszeit, des Arbeitsschutzes (z.b. Kündigungsschutz, Verbot der Kinderarbeit), der materiellen und gesundheitlichen Versorgung durch Sozialversicherungen, Erziehung und Ausbildung, Zahlungen von Kindergeld, Elterngeld, Bafög und vielfältige soziale Dienstleistungen. Im 20. Jahrhundert sind auch Regelungen der Betriebsorganisation (z.b. Mitbestimmung) und der Verteilung von Gewinnen (z.B. Vermögensbildung) hinzugekommen. Die Steuergesetze sind ein wichtiges sozialstaatliches Mittel, um einen sozialen Ausgleich zu ermöglichen.

Das Subsidiaritätsprinzip

Soziale Sicherheit und soziale Gerechtigkeit sind die Ziele des Sozialstaats. Grundwerte sind Solidarität und Menschenwürde. Neuerdings spielen aber auch Werte wie Selbstbestimmung, Eigenverantwortung, Teilhabe (im sozialen und kulturellen Sinn), Integration und Toleranz eine zunehmende Rolle. Die vieldiskutierte Subsidiarität ist nicht als Grundwert, sondern eher als ein grundlegendes Organisationsprinzip zu betrachten. Denn dieses betrifft nicht die Verteilung gesellschaftlicher Güter allgemein, sondern die Art der Verteilung von Gütern und Rechten nur in bestimmten Bereichen wie bei sozialen Dienstleistungen, Unterstützung mit Geld und Sachleistungen und bei politischen Entscheidungsrechten.

Der Unterschied zeigt sich schnell bei Definitionsversuchen. Gerechtigkeit und Solidarität können nie abschließend definiert werden; sie tragen immer überschüssige, (noch) nicht eingelöste oder gar unbekannte Bedeutungen in sich. Subsidiarität aber kann vollständig beschrieben werden. Sie ist zunächst einmal ein

Ausschließungs- und Abgrenzungsprinzip. Das schützt die Eigenständigkeit und das Eigenleben kleinerer Lebenskreise vor den Totalansprüchen der umfassenderen Sozialgebilde. Letztlich dient Subsidiarität aber dem Grundwert der Selbstbestimmung bzw. der freien Entfaltung der Persönlichkeit. Denn jede Unterstützung, auch die durch Familie oder nichtstaatliche Institutionen, soll die persönliche Selbstständigkeit fördern.

Systeme sozialer Sicherung und die Handelnden

Der Staat regelt zusammen mit den Ländern das sozialstaatliche System durch Gesetze und sorgt für dessen finanzielle Ausstattung mithilfe von Steuern, Abgaben und Pflichtbeiträgen seiner Bürger. Auf Initiative Bismarcks wurden ein Krankenversicherungsgesetz (1883), ein Unfallversicherungsgesetz (1884) und ein Invaliditäts- und Altersversicherungsgesetz (1889) für Arbeiter verabschiedet. Zu allen Versicherungen hatten (und haben) Arbeitnehmer und Arbeitgeber Pflichtbeiträge an Versicherungsanstalten zu zahlen. Diese hatten einen eigenen paritätisch besetzten Vorstand, verwalteten sich also selbst. In den Grundzügen hat sich dieses System bis heute erhalten, ergänzt durch eine staatliche Risikoabsicherung und eine Grundsicherung für die Bevölkerungsgruppen, die nicht ins Arbeitsleben integriert sind (Sozialhilfe und Arbeitslosengeld II). 1994 kam als fünfte Säule die Pflegeversicherung hinzu.

Bei den europäischen Nachbarn entstanden vergleichbare Sicherungssysteme erst im 20. Jahrhundert. Es lässt sich unterscheiden zwischen

- den auf Privatvorsorge aufbauenden liberal-amerikanischen Systemen,
- vorrangig durch Steuern finanzierten Systemen Nordeuropas und
- vorrangig von Versicherungsleistungen ausgehenden Systemen West- und Mitteleuropas. Doch zunehmend sind Vermischungen zu beachten.

Heinz Schmidt

Innerhalb des sozialstaatlichen Gesamtsystems werden drei Typen von Handelnden einander zugeordnet: die Kostenträger (Staat, Kommunen, Versicherungen), die Dienstleister oder Leistungserbringer (Soziale Dienste, Einrichtungen) und die Leistungsempfänger bzw. -berechtigten (Versicherungsnehmer, Unterstützungsbedürftige). Sie haben je eigene Interessen und Ziele:

– *„Selbstbestimmte Teilhabe sichern"*:
Einzelpersonen, die an gesellschaftlichen Prozessen teilhaben und als Leistungsempfänger/-innen selbst bestimmen wollen, welche Leistungen sie von wem in Anspruch nehmen

– *„Im Wettbewerb bestehen"*:
Einrichtungen/Dienstleistungsanbieter, die sich, ihre Einrichtung und ihre Belegschaft erhalten wollen, aus gewinnorientiertem/ freigemeinnützigem (darin auch: religiösem) Interesse

– *„Faire Rahmenbedingungen auf dem Markt sozialer Dienstleistungen"*:
Dienstleistungsanbieter und Kostenträger auf einem stark regulierten „Markt"

Die Rolle der freigemeinnützigen Einrichtungen im Wandel

Zunehmende Not und Verwahrlosung im Gefolge der industriellen Revolution führten seit der Mitte des 19. Jahrhunderts zur Gründung freier Vereinigungen, aus denen die großen freien Wohlfahrtsverbände hervorgegangen sind, in denen sich die freigemeinnützigen Träger zusammengeschlossen haben: Innere Mission bzw. seit 1957 Diakonisches Werk, Caritas, Paritätischer Wohlfahrtsverband, Deutsches Rotes Kreuz, Arbeiterwohlfahrt, Zentralwohlfahrtsstelle der Juden.

Diese sechs Spitzenverbände arbeiten in der Bundesarbeitsgemeinschaft der Freien Wohlfahrtspflege zusammen, um die soziale

Arbeit und das sozialstaatliche System auch politisch zu sichern und weiterzuentwickeln. Außerdem verstehen sich die Spitzenverbände als Anwälte bzw. als politische Lobby der Menschen, die auf Unterstützung angewiesen sind.

Die Einschränkung sozialstaatlicher Leistungen und die Zulassung gewerblicher Dienstleister in den letzten Jahren waren mit einer Änderung im Konzept der Sozialpolitik verbunden. Dafür wurde unter dem Motto „vom fürsorgenden zum aktivierenden Sozialstaat" geworben. Zunehmend wurden Sozialleistungen mit Eigenleistungen in Form von Zuzahlungen oder nachzuweisender Eigeninitiative, etwa der Arbeitssuche, verbunden. Ein System von Sanktionen (z.B. Leistungskürzungen) und Anreizen (Kombilöhne, Ein-Euro-Jobs) wird weiter ausgebaut. Um die Kosten in Grenzen zu halten, wurde die kostendeckende Abrechnung durch Pauschalen (z.B. bei Grundsicherung und Krankenhausrechnungen) oder Budgets (Gesamtzahlungen, deren Betrag eigenverantwortlich aufgeteilt und eingesetzt werden soll) ersetzt. Das sogenannte persönliche Budget soll Behinderte eigenständiger machen, weil sie damit selbst aus den Angeboten verschiedener Dienstleister auswählen können.

Die teilweise Öffnung für konkurrierende Anbieter verbunden mit Ausschreibungen sozialer Dienstleistungen durch staatliche und kommunale Kostenträger wird gelegentlich als das Ende des Subsidiaritätsprinzips angeprangert. Es ändert sich aber eher die Ausformung dieses Prinzips. Bisher wurden die freigemeinnützigen und damit insbesondere kirchlichen Träger als die einzigen kompetenten nichtstaatlichen Einheiten bevorzugt, während neuerdings (z.B. im Gesetz über die Pflegeversicherung) freigemeinnützigen und privaten, d.h. auch gewinnorientiert arbeitenden, gewerblichen Trägern ein Vorrang gegenüber öffentlichen Trägern eingeräumt wird. Damit sind die Auswahlmöglichkeiten der Leistungsempfänger gestärkt worden. Andererseits können gewerbliche Dienstleister durch Niedriglöhne Wettbewerbsvorteile auf Kosten der Qualität der Dienstleistung erzielen.

Nach wie vor sind die freigemeinnützigen Träger jedoch die größten Dienstleister im Sozialstaat. In ihnen sind rund 1,2 Millionen

Menschen hauptamtlich und 2,5 bis 3 Millionen ehrenamtlich tätig. Die geschätzte Bruttowertschöpfung (Geldwert der neu geschaffenen Waren und Dienstleistungen) entspricht der des Ernährungsgewerbes. Freigemeinnützige Träger sind als steuerbegünstigte Körperschaften mit einem mildtätigen, gemeinnützigen oder kirchlichen Zweck von Steuern auf die erbrachte Dienstleistung befreit. Spenden an sie können bei der Steuererklärung als abzugsfähige Aufwendungen anerkannt werden. Diese „Privilegierung" der freien Wohlfahrtspflege aufgrund des sog. Gemeinnützigkeitsrechts wird von gewerblichen Anbietern und Wirtschaftsverbänden immer wieder angegriffen. Doch gelten vergleichbare Regelungen in fast allen europäischen Staaten, so dass ein einheitliches europäisches Gemeinnützigkeitsrecht möglich wäre.

Heinz Schmidt

- *Christoph Sigrist (Hg.):* Diakonie und Ökonomie, 2006.

- *Franz-Xaver Kaufmann:* Varianten des Wohlfahrtsstaates. Der deutsche Sozialstaat im internationalen Vergleich, 2003.

Seit Mitte der 90er Jahre hat sich in der Sozialpolitik in Deutschland der politische Wille durchgesetzt, bei der Erbringung sozialer Hilfeleistungen stärker als bisher auf Markt und Wettbewerb zu setzen. Das betrifft alle Schwerpunkte der diakonischen Arbeit und wirft Anfragen an das zukünftige Profil der Diakonie auf.

Diakonie im Wettbewerb

Am nachhaltigsten wird die „Vermarktlichung" sozialer Dienste in der Altenhilfe mit der Einführung der Pflegeversicherung (Sozialgesetzbuch XI) im Jahr 1995 deutlich: Im Bereich der ambulanten Pflegedienste, aber verstärkt auch im Bereich der stationären Altenhilfe, wird erstmalig ein Pflegemarkt geschaffen, in dem neben der Freien Wohlfahrtspflege und den Kommunen auch private, gewinnorientiert arbeitende Anbieter zugelassen werden. Der Wettbewerb untereinander soll bewirken, dass leistungsstarke Anbieter sich gegenüber leistungsschwachen durchsetzen und das Pflegeangebot effizient und kostengünstig durchgeführt wird.

Diese Tendenz zu mehr Markt zeichnet sich über die Altenhilfe (→ 3.8) hinaus in der Kinder-, Jugend- und Behindertenhilfe (→ 3.2. bis 3.4) , aber auch im Bereich Gesundheit (→ 3.7) ab. In der Familienpolitik plant die Bundesregierung, dass zukünftig auch gewinnorientiert betriebene Kindertagesstätten staatlich gefördert werden sollen. Seit der Reform der Krankenhausfinanzierung Mitte der 90er Jahre wird das Prinzip der Selbstkostendeckung sukzessiv auf das Leistungsprinzip umgestellt. Mit der Einführung einheitlicher Fallwerte für einzelne Erkrankungen werden nicht die wirklich entstandenen Kosten einer Behandlung, sondern diagnosebezogene Fallpauschalen erstattet (Diagnosis Related Groups). Dies setzt deutlich mehr Anreize zu einer wirtschaftlichen Leistungserbringung. Größere Krankenhäuser mit spezialisierten Behandlungsangeboten kommen aufgrund ihrer hohen Fallzahlen damit besser zurecht als kleinere

Klaus Hartmann

Allgemeinkrankenhäuser. Es kommt zu Konzentrationsprozessen, in denen insbesondere privat-gewerbliche Träger verstärkt bisher kommunale Häuser übernehmen und so zu einer breiten kommerziellen Konkurrenz kirchlicher Krankenhäuser erwachsen.

Verstärkt werden diese Prozesse der „Vermarktlichung" durch den Ausbau des europäischen Binnenmarktes (→ 6.3). Mit der Freizügigkeit der Angebote sozialer Dienstleistungen über die Ländergrenzen muss sich die Diakonie auf einen breit gefächerten Sozialmarkt freigemeinnütziger und privater Träger einstellen.

Marktsteuerung sozialer Dienste

Die Wirkungen und Folgen dieser neuen Steuerungsformen im Sozialen sind bisher kaum erforscht. In politischen Auseinandersetzungen ist vor allem ein instrumentelles Verhältnis zum Markt leitend: Befürworter erhoffen sich Kosteneinsparungen, Kritiker lehnen den Sozialmarkt als Abbau sozialstaatlicher Finanzierung ab. Die Diakonie hat in dieser Debatte anfangs oft vorschnell die Position vertreten, dass Wettbewerb und soziale Hilfeleistung nicht vereinbar seien. In Konsequenz dessen ist sie in die Defensive geraten und hat die Diskussion um die Zukunft sozialer Dienste kaum kreativ gestalten können, sondern lediglich die freigemeinnützige Trägerschaft verteidigt. Doch was sind eigentlich die erhofften Effekte, die sich mit der Umstellung auf mehr Markt verbinden?

Wettbewerb gilt als eine überlegene Steuerungsform gegenüber bürokratisch-administrativen Strukturen. Ihm werden vor allem vier Leistungen zugeschrieben:

1. Wettbewerb sorgt für einen optimalen Einsatz öffentlicher Mittel: Durch Konkurrenz – etwa mit Hilfe von Kosten- und Leistungsvergleichen zwischen den Anbietern – soll erreicht werden, dass die finanziellen Mittel effektiv (ein möglichst gutes Ergebnis bei der Hilfeleistung) und effizient (ein bestimmtes Ergebnis mit einem vertretbaren Mitteleinsatz) eingesetzt werden.

2. Wettbewerb fördert die Kundenorientierung: Wettbewerb zwischen den Anbietern, insbesondere in Verbindung mit einer größeren Selbstbestimmung derer, die die Hilfe in Anspruch nehmen (wie sie das persönliche Budget vorsieht), gewährleistet eine größere Flexibilität der Hilfe- und Assistenzangebote gegenüber den Bedürfnissen und Wünschen der Hilfeberechtigten.

3. Wettbewerb erzwingt die Modernisierung der Einrichtungen: Die Ausrichtung der eigenen Einrichtung an der Branchenbestleistung (*benchmarking*) und die damit verbundene Suche nach den gelungensten Lösungen (*best practice*) fördert imnnovative Angebote und bringt Organisationsformen und Managementinstrumente auf den neuesten Stand.

4. Wettbewerb erhöht die Arbeitsmotivation: Durch die Einführung flexibler, leistungsorientierter Entlohnungssysteme können Leistungsanreize innerhalb der Mitarbeiterschaft gesetzt und die Leistungsmotivation der Mitarbeiterinnen und Mitarbeiter erhöht werden.

Trotz der in der Politik geäußerten grundsätzlichen Bekenntnisse zu mehr Markt bleibt ein Problem, wie die Marktordnung ordnungspolitisch auszugestalten ist. Der Staat überträgt nämlich die öffentliche Aufgabenerfüllung der Daseinsfürsorge auf unterschiedliche sozialwirtschaftliche Anbieter, kann und darf aber die öffentliche Aufgabe selbst nicht zu einer privaten erklären. Die Gewährleistung der sozialen Angebote bleibt darum in öffentlicher Verantwortung; die Verantwortung für die Durchführung jedoch wird auf im Wettbewerb zueinander stehende Anbieter übertragen. Der Staat muss dann Markt und Wettbewerb so regulieren und kontrollieren, dass die Grundversorgung aller Bürgerinnen und Bürger sichergestellt wird.

Es handelt sich also beim Sozialmarkt um sozialstaatlich regulierte Märkte (Quasi-Markt): Die Gesamtfinanzierung des Marktgeschehens bleibt in den Händen des Staates. Die Preise einzelner Hilfeangebote sind behördlich reguliert, die Form der Hilfeleistung ist größtenteils standardisiert und öffentliche Regelungen legen fest, worin die Sicherung der Qualität der erbrachten Leistungen besteht. Außerdem: Die Marktsouveränität der Kunden bei der Wahl der Hilfeleistungen ist im Falle des Sozialmarkts stark eingeschränkt.

Solidarität und Markt

Der Sozialmarkt verändert den Charakter der Diakonie: Aus christlich geprägten, am Gemeinwohl orientierten Wertgemeinschaften werden Dienstleistungsanbieter und -produzenten auf einem Dienstleistungsmarkt. Die Diakonie hat mittlerweile diese Herausforderung selbstbewusst angenommen. In den letzten zehn Jahren begannen die Träger und Einrichtungen der Diakonie mit tiefgreifenden Modernisierungsprozessen, in denen sie vor allem ihre Organisationsstrukturen und ihr Management (→ 4.4) anpassten. Der Wettbewerb hat dabei auch wichtige Anreize gesetzt, dass die Diakonie ihre eigenen Hilfs- und Assistenzangebote im Sinne der Hilfeberechtigten verbessert hat.

Auch zukünftig zwingt der steigende Wettbewerbsdruck die Diakonie, verstärkt die Wirtschaftlichkeit ihrer Hilfeangebote zu prüfen. Neben möglichen Ressourcen in der Organisation und im Management der Hilfeleistungen wird das Entwicklungspotential diakonischer Einrichtungen von einer nachhaltigen Personalpolitik abhängen: Wie kann besonders qualifiziertes und motiviertes Personal an die Einrichtungen gebunden werden? Auch Transparenz (Offenlegung von allgemein interessierenden Sachverhalten wie tatsächlichen Kosten und der finanziellen Lage) und Öffentlichkeitsarbeit gewinnen im Marktgeschehen an Bedeutung.

Die „Vermarktlichung" sozialer Hilfen wirft zudem die alte Frage nach dem Profil von Diakonie erneut auf. Wollen die diakonischen Einrichtungen und Träger ihre Besonderheit wahren, können sie weder einseitig den Prinzipien eines gewinnorientierten Marktanbieters folgen noch in Krisenzeiten sich der staatlichen Tendenz zum Abbau öffentlicher sozialer Verantwortung unterordnen. Diakonie muss vielmehr offensiv verdeutlichen: Gemischte Formen der Erbringung personenbezogener Hilfeleistungen, wie sie von der Freien Wohlfahrtspflege geleistet werden, besitzen Vorteile gegenüber der staatlichen wie marktlichen Steuerung. Die Stärke der Diakonie liegt gerade in der Verschränkung von fachlichen, marktbezogenen und solidarischen Elementen innerhalb ihrer Einrichtungen. Die spezifische Chance gerade diakonischer Angebote besteht darin, gemeindliche und regionale Bezüge mit in die Arbeit zu integrieren. Es spricht einiges dafür, dass die bewusste Vernetzung verschiedener Angebote Möglichkeiten der Neubelebung diakonischer Hilfeleistungen bietet. Dabei kommt auch der Anwaltschaft eine neue Bedeutung zu, denn trotz der Betonung des Wettbewerbes dürfen Werte wie soziale Gerechtigkeit und Chancengleichheit gegenüber Leistungsfähigkeit und Effizienz nicht vernachlässigt werden. So ist es die Kombination der unterschiedlichen Funktionen der Diakonie (→ 1.4), mit der die Diakonie auch auf dem Sozialmarkt ihre Bedeutung hat.

Klaus Hartmann

- *Steffen Fleßa:* Helfen hat Zukunft. Herausforderungen und Strategien für karikative und erwerbsorientierte Sozialleistungsunternehmen, 2006.

- *Klaus D. Hildemann (Hg.):* Die Freie Wohlfahrtspflege. Ihre Entwicklung zwischen Auftrag und Markt, 2004.

Diakonisches Handeln vollzieht sich im und bezieht sich auf das Gemeinwesen. Mit der Gemeinwesenarbeit, der stadtteilbezogenen Sozialarbeit, dem Quartiermanagement, den Aktionsformen diakonischer Gemeinde und anderen Formen gemeinwesen- oder sozialraumorientierten Arbeitens rückt das Gemeinwesen in das Interesse von Diakonie und Kirche.

Deshalb erscheint es wichtig, sich der Frage zuzuwenden, was denn mit dem Begriff Gemeinwesen gemeint ist, wie man ihn verstehen kann. Die Beantwortung der Frage ist schwierig, denn zum einen wird der Begriff sehr vielfältig verwendet und zum anderen findet man ihn in keinem Wörterbuch. Sichtet man die Literatur, so erscheint es sinnvoll, drei Verständnis- und Gebrauchsdimensionen des Wortes Gemeinwesen zu unterscheiden

Drei Dimensionen des Wortes Gemeinwesen

1. In der *rechtlich-politischen Dimension* meint Gemeinwesen staatliche und gesellschaftliche Verwaltungseinheiten, Gebietskörperschaften und Rechtsgebilde, wie die Kommunen, die Regierungsbezirke, die Städte, die Bundesländer, die Nationalstaaten und ihre Zusammenschlüsse. So spricht man vom „politischen Gemeinwesen". Grundlage dieses Gemeinwesenverständnisses sind rechtliche Festsetzungen und politische Regulierungen staatlicher Ordnungen von der untersten (z.B. Stadtteil) bis zur obersten Ebene (z.B. Europäische Union). Diakonie und Kirche sind in den sozialpolitischen und sozialrechtlichen Prinzipien des Wohlfahrtsstaates auf diese politisch-rechtlichen Formen des Gemeinwesens bezogen, zur Zusammenarbeit beauftragt und als Gegenüber benötigt. Zugleich haben auch Kirche und Diakonie politischrechtliche Formen (Körperschaften des öffentlichen Rechts, GmbHs oder eingetragene Vereine), auf deren Grundlage sie im Gemeinwesen präsent sind.

2. In der *räumlich-geographischen Dimension* meint Gemeinwesen ein abgrenzbares oder abgegrenztes Gebiet, das Territorium etwa eines Dorfes, eines Stadtteiles, einer Stadt oder ähnlicher räumlicher Einheiten. So haben die beiden großen Volkskirchen in Deutschland ihre jeweils auf die evangelischen oder römisch-katholischen Kirchenmitglieder bezogene Gesamtzuständigkeit für die ganze Bundesrepublik und ihre geographisch-politischen Untergliederungen (Bundesländer, Bezirke, Städte, Kommunen u.ä.). Dabei können die staatlichen und kirchlichen Gebietszuständigkeiten durchaus gleich sein, wenn etwa eine Kirchen- oder Pfarrgemeinde (Parochie) dasselbe Gebiet abdeckt wie die betreffende Kommune oder wenn ein Kirchenbezirk sich mit der Fläche einer Stadt deckt. Politische Kommune und Kirchengemeinde oder Kirchenbezirk bilden dann ein gemeinsames Gemeinwesen oder sind je auf ihre Weise für dasselbe territoriale Gemeinwesen zuständig. Aufgrund geschichtlicher Entwicklungen gibt es jedoch auch Unterschiede im Gebietszuschnitt von staatlichen und kirchlichen Institutionen. So umfasst eine ländliche Kirchengemeinde mitunter mehrere Kommunen oder Dörfer oder eine städtische Kirchengemeinde beispielsweise nur einen Teil einer Stadt. Die Grenzen der Landeskirchen mit ihren gliedkirchlichen Diakonischen Werken verlaufen oft anders als die der Bundesländer.

3. In der *sozialen oder funktionalen Dimension* meint Gemeinwesen die Lebenswelt der Menschen und die Gemeinschaft, die sich aufgrund von gemeinsamer Tradition, gewachsenen Strukturen oder ähnlichen Interessen gebildet hat und zusammenhält. Diese Dimension von Gemeinwesen basiert in der Regel auf Freiwilligkeit, im positiven Sinne auch auf Gemeinsinn und Gemeinwohl. Zum inneren Zusammenhalt des so verstandenen Gemeinwesens haben Kirche und Diakonie als geschichtlich gewachsene Gebilde mit einer sinnstiftenden und sozial integrierenden Tradition wesentlich beigetragen und können dies auch in Zukunft tun.

Arnd Götzelmann

Gemeinschaft

Der deutsche Soziologe Ferdinand Tönnies (1855-1936) stellt in seinem Hauptwerk von 1887 *Gemeinschaft und Gesellschaft* gegenüber. Dabei ordnet er der Gesellschaft den Staat als Handelnden und der Gemeinschaft das Gemeinwesen zu. Die Gemeinschaft umfasst Gruppen wie Familie, Freundschaft und Nachbarschaft, in denen soziale Bindungen um ihrer selbst willen entstehen. Tönnies vergleicht die Gemeinschaft und das Gemeinwesen mit einem „Organ" des Körpers, das natürlich gewachsen ist und selbstständig seine Funktion übernimmt. Dem gegenüber steht die Gesellschaft, deren Handelnder der Staat ist. Sie folgt dem Nutzenkalkül bzw. einem Zweck-Mittel-Denken. Hier sind rechtliche Regelungen nötig. Tönnies vergleicht sie mit einem künstlich erschaffenen „Gerät" bzw. einer Maschine. Hält man sich die drei Dimensionen des Gemeinwesenverständnisses vor Augen, so lässt sich der Begriff Gemeinwesen nicht mehr der freiwilligen Gemeinschaft auf der Basis seiner sozial-funktionalen Dimension allein zuordnen, sondern er wird heute vielfach ebenso in der rechtlich-politischen und räumlich-geographischen Dimension verwendet.

Diakonie und Kirche, die auf der biblischen Botschaft von der Gottebenbildlichkeit bzw. Würde des Menschen und dem Befreiungs- und Gerechtigkeitswillen Gottes für den Menschen gründen, zielen darauf, dass Menschen in ihrer Unterschiedlichkeit im Gemeinwesen gut miteinander zusammenleben. Deshalb ist einerseits ein gutes Funktionieren des politischen Gemeinwesens nötig, das gesellschaftliche Spaltung, Entsolidarisierung und Ausgrenzung verhindert. Sozialraumorientierte Städte- und Landschaftsplanung, Sozial- und Bildungspolitik, Kultur- und Wirtschaftspolitik können dazu ihren Beitrag leisten. Nötig ist aber genauso, die zivilen oder bürgerschaftlichen Kräfte im Gemeinwesen zu aktivieren und durch sie die politisch-staatlichen Organisationen und Institutionen sinnvoll zu ergänzen oder auch zu korrigieren. In seinem Buch *Die Entdeckung des Gemeinwesens* (*The Spirit of Community*, 1993) hat der nordamerikanische Politikwissenschaftler Amitai Etzioni beschrieben, aus

welchen Gründen Menschen nicht alles vom Staat erwarten und ihm
überlassen sollten und warum Bürgerinnen und Bürger ihrerseits
verstärkt Verantwortung für das Gemeinwesen übernehmen sollten.
Zwischen Einzelperson und Staat steht die Gemeinschaft des Gemeinwesens, der gegenüber jede und jeder nicht nur Rechte hat, sondern
auch Pflichten der sozialen Mitgestaltung erfüllen sollte. Einzelne
Christen und diakonische Institutionen übernehmen im Gemeinwesen Verantwortung für das Gemeinwohl und überwinden damit
das wirtschaftliche Eigennutzdenken. Diakonisches Handeln in seinen vielfältigen Formen – vom ehrenamtlichen Engagement bis zur
beruflichen Sozial- oder Gesundheitsarbeit –, das sich dem Gemeinwesen in seinen verschiedenen Dimensionen zuwendet, leistet einen
Beitrag zum Gemeinwohl, zu einer verantwortlichen, gerechten und
solidarischen Gesellschaft.

Gemeinwesenarbeit

Als spezielle Form hat sich seit den 1950er Jahren die *Gemeinwesenarbeit* (GWA) in Deutschland herausgebildet, die von nordame-
rikanischen und niederländischen Erfahrungen inspiriert war. Der
GWA, die heute z.T. unter neuen Begriffen wie sozialraumorientierte
oder stadtteilbezogene Sozialarbeit oder Quartiermanagement (Projekt „Soziale Stadt") auftritt, geht es darum, die Lebenssituation im
Gemeinwesen zu verbessern statt erzieherisch oder therapeutisch
auf Einzelpersonen einzuwirken. Die GWA verbindet verschiedene
aktivierende und politische Methoden. Sie überwindet die traditionelle Einzelfall- und Gruppenarbeit. Sie kümmert sich um Probleme,
die von den betroffenen Menschen im Gemeinwesen als solche emp-
funden werden und leitet Solidarisierungsprozesse ein. Sie legt nicht
auf die Defizite fest, sondern fördert und nutzt die Fähigkeiten und
vorhandenen Kräfte der Menschen und Institutionen im Gemeinwesen. Sie nimmt die Menschen in ihrer Lebenswelt wahr, aktiviert
sie und will sie zu Subjekten ihrer Lebensgestaltung auch auf politischer Ebene machen. Handlungselemente der GWA sind z.B. nütz-
liche Dienstleistungen und Hilfsinstitutionen im Gemeinwesen zu

entdecken und im Sinne einer trägerübergreifenden Zusammenarbeit sinnvoll zu vernetzen, Bürgerinnen und Bürger aktivierend
nach ihren Bedürfnissen und Problemen zu befragen und sie entsprechend zu beraten, Menschen zur Eigentätigkeit und Verantwor-
tungsübernahme zu befähigen und sie in Kulturarbeit einzubinden
sowie politisch aktiv zu werden. Dabei spielen das bürgerschaftliche
Engagement und das Ehrenamt eine wichtige Rolle.

Arnd Götzelmann

- *Wolfgang Hinte / Maria Lüttringhaus / Dieter Oelschlegel:* Grundlagen und Standards der Gemeinwesenarbeit, [2]2007.

- *Karl-Heinz Drescher-Pfeiffer:* Diakonische Gemeinde in der Groß-
  stadt zwischen Kreuzerfahrung und Verheißung des Reiches Gottes. Diakonische Gemeinde im sozialen Brennpunkt am Beispiel
  der gemeinwesenorientierten Praxis der Steiggemeinde im Stadtteil Stuttgart-Hallschlag, 2001.

Der Begriff „Diakonische Ökumene" weist zunächst auf zwei wesentliche Zusammenhänge hin: Diakonie kennzeichnet nicht nur den Auftrag und das Wesen einer einzelnen Kirche, sondern ist Bestandteil allgemeiner christlicher Glaubensüberzeugung.

Ökumene ist auf dem Hintergrund Jahrhunderte andauernder Trennungs-, Spaltungs- und Ausgrenzungserfahrungen der Kirchen ein Ausdruck für ihre Zusammengehörigkeit in Zeugnis und Dienst in und an der Welt.

Johann Hinrich Wichern begründete 1848 mit seiner Rede auf dem Wittenberger Kirchentag die „moderne" Diakonie. Es brauchte aber noch 100 Jahre, bis sich die evangelischen Landes- und Freikirchen in Deutschland 1945 zu ersten gemeinsamen diakonischen Schritten im kriegszerstörten Deutschland verabredeten.

Diakonische Arbeitsgemeinschaft evangelischer Kirchen

In den vorangegangenen Kapiteln sind die biblischen Grundlagen und die geschichtliche Entwicklung der Diakonie sowie das Verhältnis von Kirche und Diakonie ausführlicher beschrieben worden. Dieser binnenkirchlichen Standortbestimmung schließt sich die Beschreibung des gesellschaftlichen Rahmens an, in dem sie wirkt. Im Folgenden soll auf die Vielfalt der handelnden Akteure hingewiesen werden. Dafür steht zum Beispiel die „Diakonische Arbeitsgemeinschaft evangelischer Kirchen" (DA; www.daek.de).

In ihr haben sich die diakonische Arbeit der evangelischen Landeskirchen und die Diakonie der in Europa kleinen evangelischen Freikirchen zusammengeschlossen. Das sind

die Arbeitsgemeinschaft der Mennonitengemeinden,
der Bund Evangelisch-Freikirchlicher Gemeinden (Baptisten),
der Bund Freier evangelischer Gemeinden,
das Diakonische Werk der Evangelischen Kirche in Deutschland,

die Evangelisch-methodistische Kirche,
die Heilsarmee,
die Herrnhuter Brüder-Unität,
die Selbständige Evangelisch-Lutherische Kirche,
das Katholische Bistum der Alt-Katholiken und
der Verband Freikirchlicher Diakoniewerke.

Unter dem Namen „Diakonisches Werk der Evangelischen Kirche in Deutschland" bilden die genannten Kirchen und Verbände gemeinsam mit den 22 regional organisierten Landesverbänden der Diakonie und den etwa 80 diakonischen Fachverbänden den evangelischen Spitzenverband in der Freien Wohlfahrtspflege in Deutschland. Er vertritt die gesamte diakonische Arbeit aller genannten Kirchen und Verbände (mit einigen Ausnahmen hier nicht genannter evangelischer Kirchen, z.B. „Bund freikirchlicher Pfingstgemeinden") gegenüber der Öffentlichkeit und der Politik. Das sind 27.400 stationäre und ambulante Einrichtungen, in denen ca. 440.000 hauptberufliche Mitarbeiterinnen und Mitarbeiter tätig sind. Unterstützt wird ihre Arbeit durch weitere 400.000 ehrenamtliche Mitarbeiterinnen und Mitarbeiter.

Die vertraglich geregelte Zusammenarbeit mit gleichen Rechten und Pflichten aller Trägerorganisationen, unabhängig von ihrer Größe und ihrer kirchlichen Verfasstheit, ist ein herausragender Ausdruck verbindlicher ökumenischer Zusammenarbeit. Strukturell sind sie durch eine gemeinsame Satzung verbunden. Ihre inhaltliche Übereinstimmung kommt im gemeinsamen Leitbild von 1997 zum Ausdruck (www.diakonie.de).

Kleine Kirchen mit großer diakonischer Wirkung

Die diakonische Arbeit der genannten Freikirchen umfasst etwa 470 stationäre Einrichtungen, u.a. Krankenhäuser, Seniorenwohn- und -pflegeeinrichtungen, Behinderteneinrichtungen, Kinder- und Jugendeinrichtungen. Etwa 700 ambulante, oft gemeindenah organisierte Einrichtungen erweitern dieses Angebot. Dazu gehören professionelle Beratungsstellen für verschiedene Zielgruppen (Ehepartner und Familien, Suchtkranke, Schuldner, Kinder und Jugend u.a.) ebenso wie niederschwellige Angebote der Wohnbegleitung oder Hausaufgabenhilfe. Hinter diesem umfangreichen Angebot stehen nicht mehr als zusammen 240.000 Kirchenmitglieder in den genannten Freikirchen. Entscheidend sind dabei oft die jeweilige Tradition und Identität der einzelnen Kirchen. So betreiben z.B. die 46 Gemeinden der Heilsarmee in Deutschland 42 große oder gemeindenahe diakonische Projekte, obwohl nur etwa 6.000 Mitglieder zu ihr gehören. Die in etwa gleich große Herrnhuter Brüder-Unität betreibt in Deutschland u.a. 3 Gymnasien, 2 Realschulen und eine Grundschule, 1 Förderschule, 1 Berufsschule, 4 Internate, 6 Kindergärten, 5 Familienerholungsstätten, 5 Altenwohn- und pflegeheime, 4 Wohnheime für geistig Behinderte.

Ökumenische Herausforderungen

Die meisten Einrichtungen der freikirchlichen Diakonie sind als juristische Personen Mitglied in einem Landesverband der Diakonie, sofern dessen Satzung nicht die Zuordnung zur jeweiligen Landeskirche ausdrücklich vorsieht. Hier gibt es auch nach 60 Jahren guter Zusammenarbeit weiteren ökumenischen Klärungsbedarf.

In keinem Fall behindern solche strukturellen Vorbehalte aber eine inhaltliche, fachliche Zusammenarbeit in den einzelnen Arbeitsfeldern. Allerdings entwickelt sich auch die Ökumene dynamisch weiter. Neue Kirchen und Institutionen, die sich bisher aus verschiedenen Gründen nicht zur Ökumene gezählt haben, werden vielleicht in der Zukunft auch einen Weg mit ihrer Diakonie zum gemeinsamen Zeugnis und Dienst in und an der Welt finden.

Weltweite diakonische Verantwortung

Als starke Wurzel der diakonischen Ökumene erweist sich immer wieder die gemeinsame Trägerschaft der Hilfswerke „Diakonie Katastrophenhilfe" und „Brot für die Welt". Obwohl die Freikirchen sich in diesem Arbeitsfeld nach wie vor ihren konfessionellen europäischen und weltweiten Organisationen verpflichtet fühlen, tragen sie mit überproportionalen Spendenaufkommen zur Arbeit dieser Werke bei. Ihr Beitrag beträgt in der Regel mehr als das Doppelte, gemessen an der Zahl der jeweiligen Kirchenmitglieder der Trägerkirchen.

Diakonischer Grundkurs

Seit vielen Jahren wird in der DA die Frage der Aus- und Weiterbildung von Mitarbeiterinnen und Mitarbeiter im „Fach" Diakonie diskutiert. Im Ergebnis haben sich alle Mitglieder auf ein einheitliches Curriculum für einen 18monatigen Diakonischen Grundkurs verständigt (www.daek.de/Diakonischer Grundkurs). Der erste Durchgang konnte nach 6 Blockwochenenden und der Arbeit an 15 Studienbriefen erfolgreich beendet werden. 25 Teilnehmerinnen und Teilnehmer, haupt- und ehrenamtliche Mitarbeiterinnen und Mitarbeiter aus Gemeinden und Einrichtungen haben im April 2008 das Zertifikat über ihre erfolgreiche Teilnahme erhalten. Neben der diakonischen Lernerfahrung hoben die Teilnehmerinnen und Teilnehmer immer wieder ihre ökumenische Lernerfahrung hervor, die ihnen aufgrund der Zusammensetzung aus den unterschiedlichen Kirchen und Traditionen ermöglicht wurde.

Fazit

Als wesentliche Erkenntnis lässt sich festhalten:
Diakonie ist nicht zwangsläufig ökumenisch. Sie gewinnt aber einen weiten Horizont und eine biblisch-theologische Tiefe, wenn sie sich der Ökumene öffnet und ihr verpflichtet weiß.
Dass dies auf einem explodierenden Sozialmarkt auch strategische Vorteile hat, ist unbestritten. Die primären Ziele diakonischer Ökumene aber bleiben gemeinsames Zeugnis und Dienst.

Klaus Pritzkuleit

3. Was tut Diakonie für wen?

Welche Zielgruppen hat die Diakonie? Und welche Sorten von Hilfen bietet sie?

Hier wäre sehr vieles zu nennen. Für die wichtigsten Arbeitsfelder und Zielgruppen sind folgende Artikel ausgewählt worden: Die „Armenhilfe" (3.1), die „Kindererziehung" (3.2), die „Jugendhilfe" (3.3), die „Behindertenhilfe" (3.4), die „berufliche Eingliederung" (3.5), die „Beratung" (3.6), die „Krankenpflege" (3.7), die „Altenhilfe" (3.8) und die „Weltweite Diakonie" (3.9). An vieles andere wäre auch noch zu denken wie z.B. die Telefonseelsorge, die Migrantenarbeit oder die Suchtgefährdetenhilfe. Nur die großen Linien sind hier berücksichtigt worden, und wir haben uns um der Übersichtlichkeit der Darstellung willen darauf begrenzt.

Wer Spezialisiertes über die fachliche Arbeit selbst wissen will, findet dazu auf den „Gelben Seiiten" der Diakoniefibel die entsprechenden Hinweise.

Auffallend ist, wie unterschiedlich ein Arbeitsfeld beschrieben werden kann. Manche Verfasser/innen stellen die fachliche Diskussion in den Vordergrund, andere christlich begründete Forderungen darüber, wie die Verhältnisse in der Gesellschaft sein sollten, wieder andere betonen die organisatorische Seite. Manche wägen zwischen diesen drei Zugängen sorgfältig ab.   *E.H.*

Armenhilfe
Kindererziehung
Jugendhilfe
Behindertenhilfe
Eingliederung
Beratung
Krankenpflege
Altenhilfe
Weltweite
    Diakonie

Max Liebermann (1847–1935): *Freistunde im Amsterdamer Waisen-haus*, 1881/82; Öl auf Leinwand, 78,5 × 107,5 cm; Städelsches Kunstinstitut und Städtische Galerie, Frankfurt am Main.

Eine entspannte, fröhliche Atmosphäre vermittelt die dargestellte Situation: Mädchen unterschiedlichen Alters in rotschwarzen Kleidern und weißen Schürzen und Hauben verbringen ihre freie Zeit spielend, plaudernd oder mit Handarbeit beschäftigt im lichterfüllten Innenhof des Waisenhauses, in dem sie leben.

Die Szene ist vom nüchtern realistischen Blick des Malers geprägt. Er zeigt die Mädchen nicht als bemitleidenswerte Waisen, sondern zufrieden, eigenverantwortlich handelnd, harmonisch in ihrer Notgemeinschaft und deren Ordnung verbunden.

Durch den dezentralen Bildaufbau bleibt die Bildmitte frei von Figuren, und das Auge des Betrachters wandert zwischen den beiden Hauptgruppen hin und her: den auf der linken Bildseite dargestellten sich unterhaltenden Mädchen und den im rechten Bildvordergrund platzierten, die konzentriert mit Handarbeiten beschäftigt sind. Sehr genau ist diese in ihrer Alltäglichkeit immer wiederkehrende Situation festgehalten. Und zugleich vermittelt das Bild den Eindruck des Momenthaften durch die Darstellung des laufenden Mädchens im Bildhintergrund und vor allem durch das bewegte Licht, das durch die Baumkronen fleckhaft auf den Hof fällt. Mit teils flüchtigen Pinselstrichen hat der Maler es als helle Flecken gemalt, die sogar auf dem Weiß der Schürzen deutlich sichtbar sind.

Gestalterisch ist das Bild beeinflusst von der französischen Freilichtmalerei: das Einfangen des Momenthaften und die Bedeutung des Lichtes sind hier zu finden.

Kerstin Clasen

„Arme soll es unter euch nicht geben", heißt es in 5 Mose 15,4.

Biblische Aufgabenstellung

Armut meint im biblisch-alttestamentlichen Kontext einen Zustand von Rechtlosigkeit, in dem der Mensch in seiner Würde verletzt wird, die ihm durch die Gottesebenbildlichkeit (1 Mose 1,27) gewährt wird. Die Propheten des 8. Jahrhunderts treten für die Armen ein. In einem ersten Sozialgesetz, dem Bundesbuch, werden die Armen, die Witwen und Waisen und die Fremdlinge unter den Schutz Gottes gestellt. Ein Existenzminimum wird angemahnt (2 Mose 22,25-26). Es dauert aber noch einige Jahrhunderte, bis in Israel die Randgruppen strukturell geschützt werden.

Durch die Einrichtung einer Sozialsteuer (statt Abgabe an König und Tempel) und durch das Schuldenerlassjahr sollen soziale Verwerfungen in Folge von Missernten – und durch Zahlungen an Großgrundbesitzer erzwungen! – wieder rückgängig gemacht werden (5 Mose 14,22ff. und 15). Das Recht dient dazu, die Wirtschaft zu regulieren. Im Psalm 82, einem Rechtsstreit des Gottes Israel mit den Göttern der Umwelt, wird das Sein Gottes an das Eintreten für die Armen und Entrechteten gebunden. Jesus steht mit seiner Seligpreisung der Armen in dieser Tradition. Es gibt eine endzeitliche Umkehrung von Arm und Reich (Lukas 7,22ff.). Jesus sagt aber auch: „Arme habt ihr allezeit" (Markus 14,7).

Die ersten christlichen Gemeinden feiern das Abendmahl als ein Mahl des Teilens, bringen die Gaben zu den Gemeindearmen und Kranken und unterstützen die verarmte Urgemeinde in Jerusalem (2 Korinther 8). Der Arme ist der „Altar Christi auf der Straße" (Kirchenvater Chrysostomos).

Luther kritisierte die Bettelorden und die falsche Einstellung zur Arbeit. So kam es zur Trennung zwischen würdigen und unwürdigen Armen und zur Idee, dass die Hilfe für Arme geringer ausfallen müsse als der geringste Arbeitsverdienst (Lohnabstandsgebot). Die Väter der Diakonie im 19. Jahrhundert verstanden Armut immer auch als Auswirkung von Gottlosigkeit und Unsittlichkeit. Sie verbanden Armutsbekämpfung nicht mit Emanzipation und umfassender sozialer Gerechtigkeit und attackierten den Sozialismus, der dafür eintrat, als widergöttlich.

Erst angesichts der Mitwirkung am dualen System von staatlicher und freier Wohlfahrtspflege im Sozialstaat mit seiner Verpflichtung zum sozialen Ausgleich haben Kirche und Diakonie sich zu einer Armutsbekämpfung durchgerungen, die das Recht auf ein menschenwürdiges Leben für alle ins Zentrum stellt.

Armut und Armutsbekämpfung heute

Die Hauptursache der heutigen „neuen Armut" ist die hohe Dauermassenarbeitslosigkeit, hervorgerufen durch Rationalisierung und hemmungslose Profitorientierung eines entfesselten Kapitalismus. Die „Hartz-IV-Reformen" reagierten darauf so, dass sie die Zumutbarkeitskriterien für die Arbeitsangebote an Arbeitslose verschärften. Das hat zur Ausweitung der Niedriglöhne und zu der Erscheinung der *working poor* (arm trotz Arbeit) geführt. Das Arbeitslosengeld II auf dem Niveau der Sozialhilfe führt noch schneller in Armut als die bisherige Arbeitslosenhilfe nach einem Jahr Arbeitslosengeld. Ein-Euro-Jobs (ohne Sozialversicherung) bewirken keine reale Verbesserung der materiellen Situation der Armen.

Die Armuts-Denkschrift der EKD „Gerechte Teilhabe" (2006) teilt die Armutsdefinition, die dem Zweiten nationalen Armuts- und Reichtumsbericht der deutschen Bundesregierung zugrunde liegt: „Armut i. S. sozialer Ausgrenzung und nicht mehr gewährleisteter Teilhabe liegt dann vor, wenn die Handlungsspielräume von Personen in gravierender Weise eingeschränkt und gleichberechtigte Teilhabechancen an den Aktivitäten und Lebensbedingungen der Gesellschaft ausgeschlossen sind."

Die wichtigste geldbezogene Armutsdefinition ist die von der Europäischen Union festgelegte sog. „Armutsrisikoquote". Die

Armutsrisikogrenze beträgt danach 60% des Medians des äquiva-
lenzgewichteten Nettoeinkommens. (Der Median ist derjenige Wert,
der die Bevölkerung in die mehr verdienende und die weniger verdienende Hälfte teilt. Verglichen wird die Kaufkraft des Einkommens
nach Abzug der Steuern und Abgaben.)

Für Deutschland ergibt sich eine Armutsrisikogrenze für einen
Ein-Personen-Haushalt von 938 Euro, für ein Paar mit drei Kindern
von 2.251 Euro im Monat.

Der typische Personenkreis armer Menschen in Deutschland
setzt sich zusammen aus Erwerbslosen, Erwerbstätigen mit Niedrig-
löhnen, Alleinerziehenden, Frauen und Männern mit niedrigen Ren-
ten(anwartschaften), Obdachlosen, ausländischen Mitbürger/innen
und Migrant/innen, Kranken, Kindern und Jugendlichen. Inzwischen
wächst jedes fünfte Kind in der BRD in Armut auf.

Der sog. Lebenslagenansatz geht über ein ausschließlich an Geld
und Besitz orientiertes Verständnis von Armut hinaus. Es berücksichtigt die Versorgungslage in zentralen Lebensbereichen wie Erwerbs-
arbeit, Bildung, Wohnen, Gesundheit und Teilhabe am gesellschaft-
lich-kulturellen Leben. Eine Gefahr dabei ist – auch für Kirche und
Diakonie – dann das Hauptproblem in der mangelnden Bildung und
Ausbildung der Armen zu sehen.

Heute liegt die Hauptherausforderung für die Armenhilfe der Diakonie darin, wie die „Option für die Armen" unter Bedingungen von
Armut in einer reichen Gesellschaft umgesetzt werden soll – als Nothilfe und Barmherzigkeit und/oder zugleich als Umverteilung.

Funktion und Projekte der Armenhilfe

Armenhilfe zeigt sich einerseits in der anwaltlichen Funktion ($\rightarrow$
1.5) von Diakonie und Kirche. So wurde von Caritas und Diakonie
1995 in den neuen Bundesländern eine umfassende Untersuchung
zur Lebenslage der Armutsbevölkerung durchgeführt. 1997 veröf-
fentlichten die beiden großen Kirchen nach einem längeren Konsul-
tationsprozess das sogenannte „Sozialwort". Es hält an der „vorran-
gigen Option für die Armen als verpflichtendes Kriterium kirchlich-

diakonischen Handelns" fest und tritt dafür ein, dass der Sozialstaat die Stärkeren zugunsten der Schwächeren belastet.

Armenhilfe zeigt sich zum anderen in konkreten Projekten der Armutsbekämpfung auf zwei Ebenen, der der organisierten Diakonie und der der Kirchengemeinden. So hat z.B. die Hamburger Diakonie in den 90er Jahren das Projekt *Hinz & Kunzt* initiiert, andere Städte folgten: Ein Straßenmagazin, das Armut, Ausgrenzung und Obdachlosigkeit zum Thema hat, wird von Obdachlosen verkauft. Diese erhalten einen Teil des Erlöses, es kommt zur Begegnung zwischen den normalen Bürgern und der Randgruppe Obdachlose; ein Teil der Obdachlosen erhält feste Wohnungen und/oder sogar einen Arbeitsplatz. Vorbildlich aktiv waren und sind diakonische Einrichtungen in Beschäftigungsprojekten eines zweiten Arbeitsmarktes für Sozialhilfeabhängige und Langzeitarbeitslose, auch in der Bekämpfung von Jugendarbeitslosigkeit. Ein weiterer Schwerpunkt von Armenhilfe der Diakonie ist die Allgemeine Soziale Arbeit der Diakonie, die sich vor allem in sozialer Beratung von Alleinerziehenden und Älteren zeigt.

Besonders in Gemeinden in sozialen Brennpunkten entstanden Projekte wie Treffpunkte von Arbeitslosen, Begegnungscafés, Kleiderkammern, Suppenküchen, Vesperkirchen, Schularbeitenhilfe für Migrantenkinder u.ä. Stadtteildiakonie versucht das Armutsproblem gemeinwesenorientiert (→ 2.2) zu bearbeiten. Die Bessergestellten werden durch Projekte wie das Spendenparlament an dem Kampf gegen Armut, Ausgrenzung und Einsamkeit beteiligt.

So entsteht durch die sozialdiakonische Arbeit vor Ort von diakonischen und anderen freien Trägern und von Gemeinden ein Netz von unterstützender sozialer Arbeit, das Menschen hilft, menschenwürdig zu leben. Mischfinanzierungen zwischen Kirchengemeinden, kreiskirchlicher Diakonie und staatlichen Stellen sind häufig. Beschäftigten sich Ende der 90er Jahre zwei Drittel der Gemeindeprojekte mit Migrationsauswirkungen, so hat inzwischen die Tafelarbeit stark zugenommen, ebenso auch der Mittagstisch für Arbeitslose, ältere Menschen, Kinder. Diakonie muss aber aufpassen, dass sie nicht zum Lückenbüßer für fehlende staatliche Armutsbekämpfung wird und die Armenhilfe wieder auf das Niveau von Suppenküchen absinkt.

Diakonie und Kirche beteiligen sich am Kampf gegen die Armut, damit Menschen in ihren Rechten gestärkt werden und weil ihr Einsatz „Wegbereitung der Gnade" (Dietrich Bonhoeffer) ist.

Hans-Jürgen Benedict

- *Heinrich W. Grosse:* „Wenn wir die Armen unser Herz finden lassen …" – Kirchengemeinden aktiv gegen Armut und Ausgrenzung. Ergebnisse einer empirischen Untersuchung, 2007.

- *Steffen Fleßa:* Arme habt ihr allezeit! Ein Plädoyer für eine armutsorientierte Diakonie, 2003.

- *Gabriele Göttle:* Die Ärmsten! Wahre Geschichten aus dem arbeitslosen Leben, Frankfurt/M. 2000.

Als im April 2006 Familienministerin von der Leyen ein „Bündnis für Erziehung" mit den beiden großen Volkskirchen zu schließen versuchte, kam es zu einer regen Diskussion darüber, ob Kirchen sich überhaupt um Erziehung kümmern sollten. Kirche, so zeigte sich in vielen Äußerungen, wurde fast gleichgesetzt mit Zwang und Indoktrination. Dabei gehört die Sorge für Kinder und ihre Erziehung zu den klassischen diakonischen Aufgabenfeldern:

„Weil ich nun bey dem armen Volck solche grobe und gräuliche Unwissenheit fand, dass ich fast nicht wusste, wo ich anfangen sollte [...], bin ich von solcher Zeit her bekümmert gewesen, wie ihnen nachdrücklicher geholfen werden möchte, [...] insonderheit aber, dass so viele Kinder, wegen der Armuth ihrer Eltern, weder zur Schule gehalten wurden noch sonst einiger guter Auferziehung genießen." So beschrieb im Jahr 1704 August Hermann Francke selber den Gründungsimpuls zur Schaffung einer Armenschule in seiner Kirchengemeinde in Glauchau. Sie wurde zur Keimzelle der „Franckeschen Stiftungen", der ersten diakonischen Anstalt der Neuzeit.

Ausgangspunkt ist Franckes Wahrnehmung der hoffnungslosen Lage von Kindern in seiner Gemeinde. Hier bereits findet sich (allerdings mit deutlich väterlich bevormundendem Unterton) eine Verbindung von (religiöser) Bildung, umfassender Betreuung und Erziehung – den drei Grunddimensionen diakonischer Arbeit für und mit Kindern.

Damit steht Francke in der Tradition einer schon in der Bibel ausgedrückten Wertschätzung und Achtung von Kindern, wie sie sich etwa in der Geschichte der Kindersegnung (Markus 10,13-16) zeigt. In der Diakonie entwickelte sich neben der oft bevormundenden Fürsorge für Not leidende Kinder, etwa in den „Rettungshäusern" des 19. Jahrhunderts, die Kleinkindbetreuung als eigenständige Aufgabe – Kindergärten und Tageseinrichtungen entstehen daraus – und weiter die Kinder- und Jugendarbeit der Verbände.

Gewandelte Kindheit

Und heute? Der Wandel der Gesellschaft in den letzten vierzig Jahren trifft auch Familien. Die Formen von Familie sind vielfältiger geworden. An die Stelle eines zusammenhängenden Raums (Straße, Nachbarschaft), in dem sich Kinder oft unbeaufsichtigt aufgehalten haben, ist eine Vielzahl von Orten getreten, zwischen denen sie hin und hergefahren werden („Verinselung"). Das hat Folgen, auch für soziales Lernen und Formen der Erziehung der Kinder untereinander. Medienreize und Informationen erreichen sie ungefiltert; die Trennung zwischen einer Welt der Kinder und der Welt der Erwachsenen ist aufgehoben. Bei den Eltern nehmen Entgrenzung und Flexibilisierung der Arbeitszeit die gemeinsame Zeit für liebevolle Zuwendung. Ohne Betreuungsangebote wird die Vereinbarkeit von Arbeit und Kindern ein gerade für Frauen schwieriger und kräfteverzehrender Balanceakt, der sich zudem kaum rechnet. Im Verhältnis zwischen Eltern und Kindern sind vielfach Gleichberechtigung und Selbstständigkeit an die Stelle von Unterordnung und Bescheidenheit getreten. Wissen und Erfahrung von gestern helfen immer weniger bei der Bewältigung der Herausforderungen von morgen. Dies verändert das Verhältnis der Generationen zueinander. Folge: Extreme Schwankungen in den Überzeugungen, wie man Kinder erziehen soll, kennzeichnen die Diskussion um das, was „richtige Erziehung" ist. Die weit verbreitete Ratgeberliteratur oder fragwürdige „Erziehungssendungen" im Fernsehen zeigen an, wie verunsichert oder auch überfordert viele Eltern sind.

Die Zahl der Kinder, die unter Armutsbedingungen aufwachsen, hat dramatisch zugenommen. Der Anteil der von Kindern unter 15 Jahren lag 1998 bei bereits 16,8% und stieg bis 2006 auf 26,3%. Familien mit drei und mehr Kindern, Alleinerziehende und Familien mit einer Zuwanderungsgeschichte sind überdurchschnittlich oft betroffen. Kinder, die so leben müssen, haben erheblich weniger positive soziale Kontakte als andere Kinder, weniger Chancen auf einen guten Bildungsabschluss und später auf eine Arbeitsstelle. Und schließlich: Inzwischen kommt jedes dritte Kind unter sechs Jahren aus einer Familie, die zugewandert ist; vielerorts trifft das bereits auf mehr als die Hälfte aller Kinder in diesem Alter zu.

Gesetzlicher Rahmen

Wie reagieren Gesellschaft, Staat, Diakonie und Kirche auf diese Entwicklungen? Nach dem Kinder- und Jugendhilfegesetz von 1991 (Sozialgesetzbuch VIII) soll an die Stelle der klassischen „Fürsorge", die auf Missstände reagiert und von oben herab in Familien eingegriffen hat, jetzt die soziale Förderung und Unterstützung von Kindern und Familien zur Vorsorge und Vermeidung von Fehlentwicklungen treten. Ziel ist Chancengleichheit. Dabei unterscheidet das Gesetz zwischen Hilfen zur Förderung der Erziehung in Familien, Hilfsangeboten, die die Arbeit der Familien im Krisenfall ergänzen, und Hilfeformen, die die Familie ersetzen.

Auch die Förderung von Kindern in Tageseinrichtungen und in der Kindertagespflege gehört in den Zuständigkeitsbereich dieses Gesetzes. Im Alltag sind Zuständigkeiten, auch in der Abgrenzung zu anderen Sozialleistungen, oft wenig überschaubar. Insgesamt gilt: Die traditionelle Trennung, nach der die Familie für Erziehung, die Schule für Bildung und der Kindergarten für Betreuung zuständig ist, ist überholt. Aufwachsen geschieht in öffentlicher Verantwortung und sollte geprägt sein von Zuwendung („Beziehung kommt vor Erziehung") und einer gemeinsam getragenen Verantwortung zwischen Familie und Einrichtung „auf Augenhöhe" („Erziehungspartnerschaft").

Arbeitsfelder diakonischer Hilfe für Kinder

Für Diakonie und Kirche ist damit der Rahmen beschrieben, in dem sie Kindererziehung unterstützen und fördern. Solche Förderung kann zum einen in der Unterstützung bei der Bewältigung des Alltags bestehen. Eltern-Kind-Gruppen der Familienbildung, die rund 9.500 Tageseinrichtungen oder Familienzentren in kirchlicher oder diakonischer Trägerschaft oder auch Angebote im Bereich der offenen Ganztagsschule sind Bausteine einer solchen Unterstützung. Hier liegt zahlenmäßig der Schwerpunkt des Engagements: In den evangelischen Tageseinrichtungen arbeiten mehr als 63.000 Erziehe-rinnen und Erzieher mit mehr als 550.000 Kindern. Im Blick auf eine Weiterentwicklung der hier geleisteten Arbeit ist zu fragen: Sind die Angebote ausreichend und untereinander sinnvoll vernetzt? Kennen wir die Bedürfnisse und Interessen der Kinder und ihrer Eltern und beziehen sie im Sinne der Erziehungspartnerschaft ein? Setzen wir einen eigenständigen Bildungsauftrag (→ 1.4) in unserer Tagesein-richtung um? Ist diese Arbeit eingebunden in das nachbarschaftli-che Gemeinwesen (→ 2.4) und in die Kirchengemeinde (→ 5.1)? Wie begegnen die, die kommen, hier dem christlichen Glauben? Steht das Kind wirklich im Mittelpunkt – ist der 1994 von der EKD geforderte Perspektivwechsel vollzogen?

Ein zweites Feld diakonischer Tätigkeit ist die weitergehende Hilfestellung in der Erziehung. Hier sind die Angebote der Familien-bildung, der Erziehungsberatungsstellen (→ 3.6) oder auch entspre-chende Freizeitangebote wichtige Instrumente, um Eltern umfas-send zu stärken, ihre erzieherische Verantwortung wahrzunehmen. Zu fragen ist hier, ob diese Bemühungen früh genug ansetzen, ob die Bildungs- und Beratungsansätze wirklich aufeinander abgestimmt werden, ob – etwa über eine entsprechende „Gehstruktur" – gerade bildungsferne und benachteiligte Familien erreicht werden und wieweit die Finanzierung dieser Arbeit nachhaltig durch Mittel der öffentlichen Hand wie der Kirche gesichert ist.

Ein drittes Feld, in dem die Evangelische Erziehungshilfe tätig ist, besteht in der Gewährleistung von Unterstützung in Krisensitu-ationen: Dabei soll zunächst die häusliche Situation etwa durch eine sozialpädagogische Fachkraft in der Familie stabilisiert werden; wo diese Hilfe nicht ausreicht, leben Kinder oder vor allem Jugendliche für eine Zeit außerhalb der Familie, etwa in einer Pflegefamilie (→ 3.3).

Und schließlich zählt hierzu auch der (gesellschafts-) politische Ein-satz von Diakonie und Kirche für die Berücksichtigung der Interessen von Familien in Gesellschaft und Arbeitswelt, für Chancengleichheit für alle Kinder und für die Achtung ihrer Würde und Rechte – was immer sie auch tun oder lassen.

So fördern Diakonie und Kirche Erziehung und damit Entwicklungsräume für Kinder, Jugendliche und Familien in heutiger Zeit und vermitteln dabei – hoffentlich! – eine Ahnung von der grenzenlosen Zuwendung, die Kindern wie Erwachsenen von Gott entgegengebracht wird.

Hans Höroldt

- Familie zwischen Flexibilität und Verlässlichkeit. Perspektiven für eine lebenslaufbezogene Familienpolitik. Siebter Familienbericht (Drucksache 16/1360, 16. Wahlperiode, 26.4.2006).

- *Ilse Wehrmann (Hg.):* Kindergärten und ihre Zukunft, 2004.

Zum Beispiel „Stefan"

Der Kontakt zum Jugendamt bestand seit der Geburt von Stefan, da die Kindesmutter ihn häufig allein ließ und Nachbarn sich über Lärm beschwerten, der aus der Wohnung kam. Der Vater von Stefan ist unbekannt und die Kindesmutter alleinerziehend mit Sozialhilfebezug.

Der Kontakt zur Familienhilfe kam über den Kindergarten zustande, da Stefan, drei Jahre alt, ihn nur unregelmäßig besuchte und dort durch aggressives Verhalten auffiel. Neben der Familienberatung wurde die ambulante sozialpädagogische Familienhilfe eingesetzt. Das Verhalten von Stefan änderte sich nicht. Als die Mutter eine neue Partnerschaft mit Herrn F. einging, entstand zwischen den beiden eine enge Bindung, fast so, als wären sie Vater und Sohn. Als Stefan sechs war, trennte sich die Mutter von Herrn F. Die Verhaltensauffälligkeiten nahmen zu: Einnässen, gelegentliches Einkoten, Streunen, erste Diebstähle und Aggressionen in der Familie und in der Schule.

Die ambulante Betreuung von Stefan konnte keinen Kontakt zu ihm herstellen. Da die Mutter mit Stefan überhaupt nicht mehr klar kam, sollte er in eine Pflegefamilie gegeben werden und zwar zu Herrn F., der inzwischen verheiratet war und in seiner Familie zwei Stiefkinder und ein leibliches Kind erzog.

Das enge Verhältnis von Herrn F. und Stefan belastete nun den Umgang in dieser Familie sehr, die Ehefrau fühlte sich und ihre Kinder zurückgesetzt und benachteiligt. Sie wandte sich an das Jugendamt, weil sie das Pflegeverhältnis nicht fortsetzen konnte.

Stefan kam daraufhin in eine stationäre Wohngruppe, als er zwölf Jahre alt war. Weiterhin nässte und kotete er ein, Schulschwierigkeiten und massive Konflikte in der Gruppe mit wiederholter Gewaltanwendung gegenüber jüngeren und schwächeren Kindern führten dazu, dass die Hilfe in der Wohngruppe beendet werden musste. Das Jugendamt wandte sich an das Familiengericht, um eine geschlossene Unterbringung für Stefan durchzusetzen. Die Kindesmutter willigte ein.

Das Beispiel zeigt: Hilfen für Kinder, Familien und Jugendliche greifen ineinander. Sie werden im achten Buch des Sozialgesetzbuchs (SGB VIII) als Erziehungshilfe gemeinsam geregelt. In den Hilfen zur Erziehung geht es um das Recht auf Förderung der Entwicklung und auf Erziehung zu einer eigenverantwortlichen und gemeinschaftsfähigen Persönlichkeit. Die Kinder- und Jugendhilfe umfasst die staatlichen und sonstigen Maßnahmen zur sozialen Förderung von Kindern, Jugendlichen und jungen Erwachsenen, die von Jugendämtern und Landesjugendämtern sowie Verbänden und nichtstaatlichen Organisationen – den Trägern der freien Jugendhilfe – erbracht werden. Die Angebote reichen von den Kindertagesstätten über die Offene Jugendarbeit bis zu stationären Erziehungshilfen. Sie sind im Kinder- und Jugendhilfegesetz (KJHG) vom 26. 6. 1990 in der Fassung vom 8. 12. 1998 geregelt, das als achtes Buch in das Sozialgesetzbuch (SGB VIII) eingefügt wurde.

Ambulant – teilstationär – stationär

Die Leistungen der Erziehungshilfen für Kinder und Jugendliche umfassen ambulante, teilstationäre und stationäre Angebote.

Zu den ambulanten Angeboten zählt beispielsweise die Sozialpädagogische Familienhilfe (SPFH). Die SPFH betreut und begleitet Familien intensiv in Erziehungsfragen sowie bei sozialen und wirtschaftlichen Schwierigkeiten und der Lösung von Konflikten und Krisen. Daneben bietet sie Hilfe im Kontakt mit Ämtern und Institutionen an. Die SPFH ist gezielt auf die speziellen Problemlagen und Fähigkeiten bzw. zur Verfügung stehenden Mittel der Familie und der einzelnen Familienmitglieder ausgerichtet. Diese Hilfe ist in der Regel auf längere Dauer angelegt und erfordert die Mitarbeit der Familie. Sie zielt auf „Hilfe zur Selbsthilfe".

Teilstationäre Angebote sind nötig, wenn Kinder und Jugendliche Entwicklungsrückstände und Verhaltensauffälligkeiten aufweisen und daher familienunterstützende Hilfemaßnahmen benötigen.

Dies sind etwa Tagesgruppen, in denen die Jugendlichen oder Kinder nachmittags lernen, ihre Probleme in der Beziehung zu Menschen, ihren Bewegungsdrang, ihren Umgang mit Gefühlen und im schulischen Bereich zu bewältigen. Dazu ist es oft wichtig, den jungen Menschen einen Ort der Sicherheit, des Verstandenwerdens und der Respektierung der Person des Einzelnen zu garantieren. Diesen können sie in der Tagesgruppe finden.

Wenn Kindern oder Jugendlichen Gefahr droht oder intensivere Betreuung nötig wird, kann das Jugendamt als Leistungsträger stationäre Maßnahmen vermitteln. Die Wohngruppen bieten Lebensmöglichkeiten für Jugendliche mit sozialisationsbedingten Defiziten und seelischen Behinderungen, die aufgrund familiärer Problematik nicht in ihrem bisherigen Umfeld bleiben können. Hilfe zur Erziehung in einer Einrichtung über Tag und Nacht (Heimerziehung) oder in einer sonstigen betreuten Wohnform soll Jugendliche durch eine Verbindung von Alltagserleben mit pädagogischen und therapeutischen Angeboten in ihrer Entwicklung fördern. Sie soll entsprechend dem Alter und Entwicklungsstand der Kinder und Jugendlichen sowie den Möglichkeiten der Verbesserung der Erziehungsbedingungen in der Herkunftsfamilie eine Rückkehr in die Familie zu erreichen versuchen oder die Erziehung in einer anderen Familie vorbereiten oder eine auf längere Zeit angelegte Lebensform bieten und auf ein selbstständiges Leben vorbereiten.

In der jüngsten Überarbeitung des SGB VIII aus dem Jahr 2005 durch das Gesetz zur Weiterentwicklung der Kinder- und Jugendhilfe (Kinder- und Jugendhilfeweiterentwicklungsgesetz – KICK) wird der Schutzauftrag des Gesetzgebers betont. Empfehlungen zu dessen Umsetzung reichen von Standards für dienstliche Regelungen bis hin zu Checklisten. Ungeachtet dessen kommt es darauf an, das Vorgehen der Fachkräfte zu dokumentieren und die Nachvollziehbarkeit des Ergebnisses der Abschätzung des Gefährdungsrisikos schriftlich festzuhalten. Ziel der sozialen Arbeit muss es bleiben, durch frühe Hilfen – gerade auch für Risikofamilien – dem Gefährdungspotential im Vorfeld zu begegnen und den bekannten Kreislauf zwischen finanzieller und sozialer Benachteiligung zu unterbrechen.

Björn Hagen / Annette Bremeyer

Hilfe für den Alltag in der tatsächlichen Lebenswelt

Die Vielgestaltigkeit gegenwärtiger Lebenswelten erfordert individuelle Hinwendung und vor allen Dingen verlässliche Pädagoginnen und Pädagogen. Es geht darum, sich am Individuum und dessen Sichtweise auszurichten. Jede/r Jugendliche ist Experte/Expertin für die eigene Lebenswelt. Jugendliche haben das Wissen um Erfolge und Misserfolge, Gefühle, Erfahrungen und Lebensschwierigkeiten. Sie müssen mit diesen Rahmenbedingungen klar kommen und das Leben gestalten. Dies kann anders aussehen, als die Erwachsenen sich das wünschen.

In allen Hilfen zur Erziehung gilt es, die Frage zu beantworten: Wie kann unter den Lebensbedingungen ein gelingender Alltag zustande kommen? Die Konzentration auf den Alltag legt pragmatische Lösungen nahe. Diese Alltagsorientierung ist verknüpft mit der Lebensweltorientierung. An dem Beispiel von Stefan zeigten sich in Begleitung seiner Entwicklung die jeweils möglichen Hilfen.

Björn Hagen / Annette Bremeyer

- *Vera Birtsch / Klaus Münstermann / Wolfgang Trede (Hg.):* Handbuch der Erziehungshilfen, 2001.

Am 26.1.2006 wurde auf einer Tagung des Bundesverbandes evangelische Behindertenhilfe (BeB) die *Rheinsberger Erklärung* einstimmig verabschiedet. Sie weist die Richtung, in der aus Sicht von Menschen mit Lernschwierigkeiten und komplexer Behinderung die Sozialpolitik beeinflusst werden soll.

„Menschen sind zwar verschieden, aber sie haben gleiche Rechte und verdienen den gleichen Respekt. Alle Menschen können sich als aktive Bürger einbringen, mitreden und ihren Beitrag für das Zusammenleben leisten.

Einmischen:
Wir wollen unsere Freunde und Partner selbst wählen und nach eigenen Wünschen leben. Wir wollen am öffentlichen Leben teilhaben: in Politik und Gemeinde, Kirche und Kultur, Bildung und Arbeit, Sport und Freizeit. Wir wollen bestimmen, wer uns unterstützt und wie das geschieht.

Mitmischen:
Wir wollen uns ohne Barrieren bewegen, begegnen und informieren. Wir wollen unsere Interessen überall dort vertreten, wo wir leben und arbeiten. Wir wollen auch in Selbsthilfegruppen stärker werden. Dann können wir mit mehr Kraft und Einfluss mit Angehörigen, gesetzlichen Betreuern und (professionellen) Unterstützern zusammenwirken.

Selbstmachen:
Jeder von uns hat etwas für das Leben in der Gemeinschaft zu bieten, und es ist gut, das auch zu tun. Wir verfolgen unsere Ziele und geben nicht auf. Erfolge machen uns Mut und Mut tut gut. Unser Platz ist mitten in der Gesellschaft. Dort wollen wir zusammen leben und arbeiten."

Michael Conty

Die Entwicklung hin zu einem wachsende Selbstbewusstsein von Menschen mit Behinderung wird weltweit diskutiert. Die Vereinten Nationen haben mit der Konvention zu Rechten von Menschen mit Behinderung im November 2006 einen Meilenstein in der Behindertenpolitik gesetzt. Die Staatengemeinschaft erkennt an, dass Menschen mit Behinderung neben Kindern und Frauen zu den Personenkreisen gehören, die weltweit hinsichtlich der Verwirklichung ihrer Menschenrechte gefährdet sind und denen deshalb Schutz und besondere Aufmerksamkeit zustehen. Auch Deutschland muss sich den Fragen nach der Umsetzung dieser Rechte stellen.

„Wesentlich behinderte Menschen"

Es gibt keinen einheitlichen Begriff von Behinderung. 6,7 Millionen Menschen in Deutschland haben einen sogenannten „Schwerbehinderten-Ausweis". Diakonische Dienste und Einrichtungen konzentrieren ihre Unterstützungsleistungen auf eine zehnprozentige Teilgruppe dieses Personenkreises: Menschen mit einer „wesentlichen" Behinderung i.S. des Sozialgesetzbuches XII, d.h.: Menschen, die durch eine Behinderung wesentlich in ihrer Fähigkeit, an der Gesellschaft teilzuhaben, eingeschränkt oder von einer solchen wesentlichen Behinderung bedroht sind. Die größte Gruppe sind hierbei die Menschen mit Lernschwierigkeiten (früher: geistige Behinderung) und mehrfacher Behinderung. Die Hilfe, die ihnen zusteht, ist Eingliederungshilfe nach § 53 SGB XII (derzeit knapp 650.000 Personen). Unter Eingliederungshilfen sind Leistungen zu verstehen, die Teilhabe am Leben in der Gesellschaft ermöglichen, z.B. im Bereich Arbeit. Etwa 250.000 Personen werden in Werkstätten für behinderte Menschen beschäftigt. Die Zahl derer, die Unterstützung im Bereich Wohnen in Anspruch nehmen, wird von 2000 bis 2010 um rund 40% steigen (Ursachen: erste vollständige Population behinderter Menschen, nachdem frühere Generationen den Ermordungsprogrammen des Nationalsozialismus ausgesetzt waren; überdurchschnittlich gestiegene Lebenserwartung aufgrund verbesserter medizinischer Möglichkeiten; sinkendes Eintrittsalter bei abnehmender Betreuung durch Eltern). Die Durchschnittsaufwendungen pro Person sind in den letzten Jahren nicht gestiegen.

Unterstützungslandschaft

Die Diakonie des 19. Jahrhunderts (→ 2.3) begründete viele Einrichtungen für Menschen mit Behinderungen. Deutschlandweit bekannt wurden z.B. die Einrichtungen Friedrich von Bodelschwinghs in Bethel bei Bielefeld. Bis heute ist die diakonische Behindertenhilfe schwerpunktmäßig von stationären Angeboten gekennzeichnet. Inzwischen wird Wert darauf gelegt, neben gemeindeintegrierten Wohnheimen, Wohngruppen und Werkstätten vor allem ambulante und ergänzende Unterstützungsprogramme zu entwickeln. Die Sichtbarkeit von Menschen mit Behinderung oder psychischer Erkrankung im Alltag nimmt bei dieser Entwicklung zu. Die selbstverständliche Teilhabe von Menschen mit Behinderung im Leben der örtlichen Kirchengemeinde ist ein Beispiel für das Brückenbauen, das Eingliederungshilfe bewirken soll.

Die Vielfalt der Angebote ist groß: Von der Frühdiagnostik und -förderung über Familienunterstützung, Begleitung behinderter Paare mit Kindern, Erziehungsberatung, Therapie und Behandlung, integrative Kindertagesstättenarbeit, Förder- und Integrationsbeschulung bis zur Kurzzeitbetreuung und Wohngruppenarbeit reichen die Leistungsangebote im Kinder- und Jugendalter. Der Bereich beruflicher Rehabilitation und Teilhabe umfasst u.a. Berufsbildungs- und Berufsförderungswerke, Integrationsfachdienste und Integrationsfirmen, Beschäftigungs- und Zuverdienstinitiativen und das differenzierte Angebot der Werkstätten für behinderte Menschen (WfbM). Hinzu treten die notwendigen Unterstützungsangebote zum Wohnen und zur Freizeitgestaltung: Assistenz und Begleitung in ambulanter Form wie Wohnangebote in vielfältigen Formen von Wohngruppen, Wohngemeinschaften und Wohnheimen. Vervollständigt wird das Spektrum durch Tagesförderangebote (auch für Senioren/innen) und verschiedene behindertenmedizinische und sozialpsychiatrische Ambulanzen, Kliniken und Fachdienste.

Michael Conty

Leben mitten in einer offenen Gesellschaft

Die Förderung und Entwicklung der Selbstbestimmung ist eine wesentliche Grundorientierung, denn Selbstbestimmung dient dem Ziel, ein zufriedenes Leben führen zu können. Populistische und polemische Formulierungen wie z.b. „Selbstbestimmung statt Fürsorge" bauen falsche Gegensätze auf. Das Gegenteil von Selbstbestimmung ist Fremdbestimmung, nicht Fürsorge. Wohlverstandene, nicht eingrenzende Fürsorge wird auch weiterhin für Menschen mit Behinderung notwendig sein, die während unterschiedlich langer Lebensabschnitte und in spezifischen Lebenssituationen, z.T. aber auch lebenslang und in vielen Bereichen des täglichen Lebens als Gestalter/innen eines selbstständigen und selbstverantworteten Lebens überfordert sind. Gleichwohl ist mit geeigneter, aufmerksamer Unterstützung häufig mehr an Selbstbestimmung und selbstverantworteter Lebensgestaltung möglich als allgemein angenommen.

Im internationalen Raum wird seit langem der Fachbegriff „Inklusion" verwendet, der in Deutschland eher neu ist. Er weist in fachlicher Hinsicht in eine neue, hoffnungsvolle Richtung und fordert eine notwendige gesamtgesellschaftliche Entwicklung. Wörtlich übersetzt bedeutet Inklusion Einbeziehung/Einbeziehen. Er geht um Abschied von der Exklusion, der Absonderung in Spezialeinrichtungen. Diese Sicht weist viele Überschneidungen mit der heutigen diakonischen Perspektive auf.

„Unser Platz ist mitten in der Gesellschaft. Dort wollen wir zusammen leben und arbeiten", formuliert die Rheinsberger Erklärung. An der Verwirklichung dieses Wunsches arbeitet Diakonie nach besten Kräften mit.

Michael Conty

- *Jo Jerg / Jürgen Armbruster / Walter Albrecht (Hg.):* Selbstbestimmung, Assistenz und Teilhabe. Beiträge zur ethischen, politischen und pädagogischen Orientierung in der Behindertenhilfe, 2005.

Wieso ist berufliche Eingliederung eine Aufgabe der Diakonie? Ist das nicht ausschließlich eine Sache der Betriebe? Sie kümmern sich doch um die berufliche Eingliederung. Sie stellen Arbeitsplätze bereit. Die Tarifpartner sorgen für die Rahmenbedingungen. Und die Regierenden gestalten den Ordnungsrahmen für eine soziale Marktwirtschaft, in der alle Arbeit finden.

Eine alte Aufgabe der Diakonie

Seit Bestehen des Industriezeitalters gab es in der Arbeitswelt immer wieder erhebliche Verwerfungen. Schon Johann Hinrich Wichern (→ 1.3) mischte sich ein, weil Schwächere ausgegrenzt wurden. In Zeiten des sozialen Umbruchs vor über 150 Jahren waren es unsere diakonischen Vorfahren, die engagiert auf die Notstände hinwiesen und sehr praktisch Abhilfe organisierten. So wird vom Gründer der heutigen Diakonie Stetten im ersten Jahresbericht 1849 der „Zweck der Anstalt" folgendermaßen formuliert: „daß mit der Zeit verschiedene Handwerker beigezogen werden, um Knaben […] gleichsam unvermerkt zu Handwerkern heranzubilden, um mit der Zeit das eigene Brod verdienen zu können".

Diakonische Einrichtungen wurden so zu Stätten der beruflichen Eingliederung. Für die jüngeren und älteren Menschen mit Benachteiligungen, umfassenden Behinderungen oder Krankheiten, denen der Zutritt auf den Arbeitsmarkt verwehrt blieb, wurden in diakonischen Einrichtungen menschenwürdige Arbeitsplätze eingerichtet und Wege in die Welt der (Erwerbs-) Arbeit gebahnt.

Dieses arbeitsmarktergänzende Handeln wiederholte sich nach dem Zweiten Weltkrieg. Trotz Wirtschaftswunder und Arbeitskräftemangel in den 1960er Jahren haben weitsichtige Männer und Frauen erkannt: Der Ausbildungs- und Arbeitsmarkt kann nicht allen arbeitswilligen Menschen ein angemessenes Angebot unterbreiten. Berufsbildungswerke, Benachteiligtenprogramme, Werkstätten für Menschen mit Behinderungen und seelischen Krankheiten wurden in einem erstaunlich hohen gesellschaftlichen Einvernehmen gegründet und im Lauf der Jahre ausgebaut. Später kamen die Sozialbetriebe hinzu. Das sind Initiativen für Langzeitarbeitslose und Schwervermittelbare.

Und wo stehen wir heute?

Haben wir inzwischen die Integration aller Arbeitswilligen erreicht? Schon in dieser provozierenden Fragestellung wird die Tragweite eines gesellschaftlichen Skandals deutlich. Ein Blick in die Zeitung, ein Gespräch unter Freunden oder Nachbarn zeigt alles andere als eine heile Welt. Die Zahl der prekären Arbeitsplätze – Leiharbeit, Niedriglöhne, befristete Arbeitsverhältnisse, Minijobs usw. – steigt. Trotz konjunktureller Erholung und eines explodierenden Exports geht der Anteil der Hartz-IV-Empfänger kaum zurück. Und das Bangen um den Arbeitsplatz dringt ins Lebensgefühl bei immer mehr Menschen und Familien ein. Bei vielen führt Perspektivlosigkeit zu chronischen oder psychosomatischen Krankheiten.

Die Situation der jungen Menschen beim Übergang von der Schule in die Welt der Erwachsenen und der Arbeit ist besonders bedrückend. Das Bundesinstitut für Berufsbildung zählt im Januar 2008 bundesweit 385.000 junge, Lehrstellen suchende Menschen, die die Schule bereits im Vorjahr oder noch früher verlassen und zunehmend weniger Chancen auf eine betriebliche Lehrstelle haben. Diese so genannten Altbewerber machen inzwischen mehr als die Hälfte aller registrierten Bewerber und Bewerberinnen aus.

Andere Fakten runden dieses Bild eines unzulänglichen Ausbildungsmarktes ab: Junge Erwachsene (15 bis 24 Jahre) sind von Arbeitslosigkeit stärker als die Gesamtheit aller Altersgruppen (15 bis 64 Jahre) betroffen. Junge Menschen mit einem geringen Bildungsabschluss befinden sich oft jahrelang in Warteschleifen und tragen ein höheres Risiko, in Abhängigkeit von den Sozialsystemen zu geraten. Die Folgen deuten sich an. Viele der Chancenlosen werden resignieren, manche werden sich gegen den Staat auflehnen und auf das ihnen zugefügte Unrecht mit aggressivem Verhalten reagieren – siehe Frankreich im Herbst 2005!

Mit der Misere auf dem Arbeitsmarkt ist das Abgleiten in Armut verbunden. Das Realeinkommen der Arbeitnehmer ist – unter Berücksichtigung der Inflationsrate – seit fast zehn Jahren rückläufig. Am härtesten trifft dies die Bildungsfernen und Geringqualifizierten, die Arbeitslosen und die Niedriglöhner, die bestenfalls am Rande dieser Leistungs- und Wohlstandsgesellschaft angesiedelt sind. Fehlende Qualifizierung, mangelnde Bildung und Armut verflechten sich und werden an die nächste Generation weitervererbt. Ein Ende dieser mehr als unbefriedigenden Situation ist nicht abzusehen.

Lässt man diese Kurzdiagnose der Arbeitswelt auf sich wirken und stellt ihr das christliche Menschenbild und die grundgesetzlich verankerte Würde des Menschen gegenüber, wird der Handlungsbedarf der Kirche und ihrer Diakonie deutlich.

Der Handlungsbedarf der Diakonie

Diakonisches Handeln ist geprägt vom konkreten Erfahren der Ausgrenzung und vom Hören auf den Nächsten. Ohne die Betroffenheit zu erleben, wie es jemandem ohne berufliche Zukunft zumute ist oder wie sich ein Hartz-IV-Empfänger fühlt, bleiben die Reaktionen oberflächlich und theoretisch. In der Nähe zum verzagten Mitmenschen wird die Dimension der notwendigen Antworten konkret und lebensnah und ruft zum verantwortlichen Gestalten auf.

Junge Menschen beim Übergang von der Schule in die Welt der Erwachsenen und der Arbeit, die sich im Dschungel der Berufsvorbereitung und Ausbildung allein nicht zurechtfinden oder deren Perspektiven auf eine angemessene Berufsbiografie erheblich eingeschränkt sind, brauchen eine persönliche Begleitung – Menschen, die ihnen Mut machen, die ihre Fähigkeiten entdecken und weiterentwickeln, sie in kritischen Situationen beraten und stützen, Brückenbauer, die auch nach Rückschlägen zu ihnen stehen, unermüdlich nach neuen Perspektiven Ausschau halten und sie auch während der Ausbildung begleiten. Dies geschieht beispielhaft auf eine pädagogisch-menschliche Weise in den Facheinrichtungen der beruflichen Eingliederung und im begleitenden Ehrenamt.

Vor über zehn Jahren forderten die beiden großen Kirchen in ihrem gemeinsamen Wort zur wirtschaftlichen und sozialen Lage in Deutschland ein Menschenrecht auf Arbeit und damit die Teilhabe am gesellschaftlichen Leben. Dazu gehört beispielsweise der Aufbau eines öffentlich geförderten Beschäftigungssektors mit sozialversicherungspflichtigen Arbeitsverhältnissen für Menschen, die auf dem Arbeitsmarkt aufgrund ihrer „umfassenden Vermittlungshemmnisse" oder wegen psychischer oder körperlicher Beeinträchtigungen keine Chancen haben. Nötig sind neuartige und modellhafte Projekte.

Die Spuren von Wichern und anderen sind bis heute erkennbar: 12.300 Ausbildungs- und Förderplätze in Berufsbildungswerken, 48.500 Werkstattplätze oder zahlreiche Angebote in Integrationsprojekten, in Sozialbetrieben und bei Integrationsfachdiensten.

Das reicht aber nicht aus. Kirche und Diakonie haben ein Wächteramt und sind verpflichtet, als Anwälte der Verlierer die Entwicklungen auf dem Arbeitsmarkt ohne Scheu und Rücksicht zu benennen. Das setzt voraus, sich mit bildungspolitischen, wirtschaftlichen und arbeitsmarktpolitischen Fakten auseinanderzusetzen. Dabei müssen langfristige Trends beobachtet, bewertet und Fehlentwicklungen angeprangert werden. Für das Wohl der Menschen einzutreten ist dabei unsere Aufgabe! Langzeitarbeitslose und perspektivlose junge Menschen sind und bleiben eine diakonische Herausforderung!

Die Mitarbeiter/innen in der Diakonie haben erlebt, wie lustlose, (scheinbar) leistungsgeminderte Menschen wieder fröhlich und leistungsbereit werden, in einer sinnstiftenden Arbeit aufblühen und mit neuer Hoffnung in die Zukunft blicken. Das hat sie in ihrem Tun motiviert und bestätigt.

Werner Artmann

- *Werner Artmann:* Neue Arbeitsfelder – neue Arbeitsplätze, 2007.

- *Jeremy Rifkin:* Das Ende der Arbeit und ihre Zukunft, 2004.

Beratung als diakonische Form der Seelsorge ist tätige Nächstenliebe aus Glauben, in der Form der Fürsorge für Menschen, die Hilfe in schwierigen Lebensumständen brauchen, und in der Gestaltung menschlicher Gemeinschaft. Im Verlauf des letzten Jahrhunderts hat sich das kirchlich-diakonische Beratungsangebot vielfältig ausdifferenziert, spezialisiert und professionalisiert.

Im Spannungsfeld zwischen individuellen und gesellschaftlich verursachten Problemlagen

An die Stelle von oder ergänzend zu strukturellen oder gesellschaftlichen Veränderungen werden von der öffentlichen Hand Orientierungsangebote für Menschen in Form von Beratungseinrichtungen geplant und mitfinanziert. Das Angebot zielt darauf, bestehende Konflikte zu verringern und die öffentliche Aufregung über Störungen zu verkleinern und zu entschärfen. Die Probleme werden dem Einzelnen zugeschrieben und in den Beratungseinrichtungen verwaltet (z.B. als Schwangerschaftskonflikt-, Asylbewerber-, Wohnungslosenberatung). Häufig besteht sogar ein sozialgesetzlich normierter Anspruch auf Beratung und damit für den Träger die Möglichkeit zur Refinanzierung der Beratungsleistung. Für die Ratsuchenden ist diese in der Regel kostenlos.

Beratung als professionelle Kommunikationsform in der Sozialen Arbeit hat sich entwickelt in einer großen Bandbreite im Selbstverständnis mit unterschiedlichen Theorien und Methoden und vor allem unterschiedlichen Handlungsfeldern. Zwei Sichtweisen haben das Selbstverständnis von institutioneller Beratung wesentlich beeinflusst. Aus dem Blickwinkel der medizinischen Versorgung ist die Veränderung innerseelischer Prozesse zur Problemlösung notwendig (Therapie), aus dem der Sozialarbeit sind Probleme durch soziale Lebensbedingungen und ihre Auswirkungen auf die Menschen verursacht und ist eine freiheitsfördernde Veränderung der sozialen Bedingungen anzustreben. Im Spannungsverhältnis dieser unterschiedlichen Ansätze entwickelten sich Beratungsverständnis und -methoden. Die gängigen Beratungsangebote zeigen, dass entweder gesellschaftliche Problemlagen handlungsleitend sind (z.b. Arbeitslosen-, Wohnungslosen-, Schuldner-, Flüchtlingsberatung), manchmal Zielgruppen (z.b. Pflege-, Straftäterberatung, Frauenhäuser) oder individuelle Krisenbeschreibungen (z.b. Sucht-, Schwangerschaftskonflikt-, Erziehungs-, Partnerschafts-, Trauerberatung). Das vielfältige Bild wird durch unterschiedliche Beratungsformen verstärkt: Neben Einzelberatung werden Beratungsgespräche für Paare, für Familiensysteme oder als Gruppenberatung angeboten. Im Mittelpunkt eines jeden Beratungsgesprächs steht jedoch immer die Person, die Beratung nachfragt.

Hilfe zur Selbsthilfe

Beratung bedeutet nicht, dem Ratsuchenden einen Rat zu geben. Vielmehr werden im Gespräch zwischen zwei oder mehreren Menschen Lösungswege gemeinsam erarbeitet. Der Auftrag je nach Problemlage des Ratsuchenden bestimmt Ziel und Methode der Beratung: entweder Begleitung oder Information, Krisenintervention oder Psychologische Beratung/Therapie, *Clearing* (Auftrags- und Hilfeklärung) oder *Casemanagement* (Fallbearbeitung). Meistens kommen die Ratsuchenden in die Einrichtung. In besonderen Fällen findet die Beratung auch dort statt, wo das Arbeitsfeld oder die Wohnung ist (z.B. Drogenberatung, Familienberatung).

Die Beziehung zwischen Berater und Ratsuchendem ist von Vertrauen getragen. Die Ratsuchenden sollen in die Lage versetzt werden, ihre Probleme nachhaltig selbst lösen zu können. In diesem Sinne ist Beratung Hilfe zur Selbsthilfe.

Der Beratungsprozess soll den Ratsuchenden helfen, wieder Zugang zu den gesamten eigenen Fähigkeiten und Kräften zu bekommen, um mit einer erweiterten Sichtweise neue Lösungsmöglichkeiten zu entwickeln. In der Regel gilt, dass die Ratsuchenden freiwillig nachfragen. Zunehmend gibt es aber auch Bedingungen, die bei

Verweigerung des Beratungsangebotes nachteilige Konsequenzen nach sich ziehen (Beratung statt Strafe, Leistungsminderung bei Arbeitslosengeld II).

Bei Beratungsformaten wie *Supervision* und *Coaching* gilt Beratung als zeitgemäße Form der persönlichen Be- und Verarbeitung von Veränderungen in der Arbeit wie im Privaten.

Neue technische Möglichkeiten kommen hinzu. So wird neben der *face-to-face*-Beratung (beide Gesprächsparrtner sind im Raum anwesend) und der Telefonberatung nun auch die Online-Beratung (per eMail und *chat*) im Internet entwickelt (z.B. Beratungsportal www.evangelische-beratung.info).

Evangelische Lebensberatung

Evangelische Lebensberatung ist ein Beispiel für Beratung mit psychologischem Schwerpunkt, ohne dass die Nachfragenden sich als Kranke bezeichnen lassen müssen. Anlass für die Beratung ist meist eine konflikthafte Entwicklung in bestimmten Lebenssituationen oder das Leiden an einer Störung der körperlichen oder seelischen Gesundheit (z.B. Trennung der Partnerschaft, Mobbing am Arbeitsplatz, Kindeswohlgefährdung). Die starke und steigende Inanspruchnahme von Evangelischer Lebensberatung mit ihren Angeboten der Paar-, Familien-, Schwangerschafts- und Erziehungsberatung entspricht dem dringenden Wunsch vieler Menschen nach professioneller Hilfe in akuten seelischen Notlagen und tiefen Lebens- und Übergangskrisen. Häufig sind die bedrängenden Anliegen der Ratsuchenden auch verbunden mit der Suche nach sinnstiftender Lebensorientierung und Lebensgewissheit.

Zugleich spiegelt der große Bedarf auch Veränderungsprozesse in unserer Gesellschaft wider. Als unterstützendes und ergänzendes Angebot kirchlicher Seelsorge – wie auch als eigenständiges, niederschwelliges Angebot von psychologischer Beratung – steht Evangelische Lebensberatung wie alle diakonische Beratung allen Ratsuchenden offen, ungeachtet ihrer Kirchenzugehörigkeit bzw. ihrer religiös-kulturellen Grundorientierung. Die Beratungsstellen arbeiten fallübergreifend und vernetzt, arbeiten mit Kirchengemeinden und anderen diakonischen Beratungs- und Hilfsdiensten sowie den weiteren Hilfeeinrichtungen der Region zusammen. Sie sind manchmal sogar organisatorisch verbunden wie z.B. in den neugegründeten Zentren für Diakonische Beratung bei der Diakonie Pfalz (www.evpfalz.de).

Im Bereich der EKD suchten im Jahr 2007 ca. 300.000 Menschen eine der 430 Psychologischen Beratungsstellen in evangelisch-diakonischer Trägerschaft auf. Sie sind meistens zwischen 25 und 50 Jahre alt. Häufige Beratungsanlässe sind Beziehungsprobleme von Paaren und Familien bzw. Konflikte zwischen den Generationen, Schwierigkeiten in Entwicklung und Erziehung, Schwangerschaftskonflikte, Gewalt- und Missbrauchserfahrung, Ängste, Krankheit, Verlust und Trauer, Konflikte im Beruf und im Zusammenleben im Alter.

Beratungsstellen in evangelisch-diakonischer Trägerschaft wirken da, wo Orientierung verloren gegangen ist, etwa im Wandel der Familienformen und partnerschaftlichen Lebensformen. Der Anspruch der diakonischen Mitarbeiter und Mitarbeiterinnen ist es, gesellschaftliche Konflikte frühzeitig anzuzeigen und sich an der Verbesserung von sozialen Bedingungen zu beteiligen und vor allem vorbeugend zu arbeiten. Dies geschieht z.B. durch Öffentlichkeitsarbeit, Pressearbeit, politische Anhörungen, Fachgutachten und Stellungnahmen im Rahmen von Gesetzgebungsverfahren.

Dieter Wentzek

- *Dieter Wentzek / Martin Merbach:* Seelsorge und Beratung, in: *Jan Hermelink / Thorsten Latzel (Hg.):* Kirche empirisch. Ein Werkbuch, 2008.

- *Maria Dietzelbinger:* Psychologische Beratung. Beiträge zu Konzept und Praxis, 2003.

Der deutsche Krankenhausmarkt unterliegt einer dramatischen Veränderung: Von 1990 bis 2004 ist die Zahl der Krankenhäuser von 2447 auf 2166 gesunken. Damit einher geht der Abbau von 154.643 Krankenhausbetten in dieser Zeit. Die Verweildauer im Krankenhaus ist von 14,7 auf 8,7 Tage gesunken. Der Anteil der konfessionellen Krankenhäuser liegt bei 38,4%. Die Steigerung des Marktanteils der privaten Krankenhausbetreiber auf 25,6% hat zu einer Verschärfung des Wettbewerbs zwischen den unterschiedlichen Anbietern von Krankenhausleistungen geführt. In allen Krankenhäusern der Diakonie wird evangelische Krankenpflege angeboten.

Evangelisches Krankenhaus

In der Bibel, im Neuen Testament, wird an vielen Stellen davon berichtet, dass Jesus Christus sich den kranken Menschen in besonderer Weise zugewendet hat. Er nahm sich Zeit für sie, rief sie aus ihrer Anonymität heraus und fragte nach ihren Bedürfnissen. Darin macht Christus deutlich, dass Gottes Hinwendung jedem gilt, unabhängig von der jeweiligen Befindlichkeit. Die unverrückbare Würde jedes Einzelnen wird in dieser Zuwendung deutlich. Dieser Grundgedanke ist und bleibt leitendes Motiv für das Handeln in einem evangelischen Krankenhaus.

Unsere Gesellschaft hat einschneidende Erfahrungen im Leben eines Menschen aus der Familie ausgelagert hinein in das Krankenhaus: die Geburt als Anfang des Lebens und den Tod als dessen irdischen Abschluss. Christliche Krankenpflege hat immer den gesamten Menschen im Auge. Daher erhalten in einem christlichen Krankenhaus die vorgeburtliche Begleitung der Mutter und des wachsenden Embryos genauso große Bedeutung wie auch die Begleitung des sterbenden Menschen und seiner Angehörigen nach dessen Tod. Das Bewusstsein der Teilhabe an dem Schöpferhandeln Gottes bewirkt bei den Beteiligten Staunen und Ehrfurcht.

Emanuel Brandt

Es ist feste christliche Überzeugung, dass der Wert eines Menschen nicht von seinem gesellschaftlichen Ansehen, seiner gesundheitlichen Stärke oder seinem Lebensalter abhängt. Wert und Würde eines Menschen liegen in der Gewissheit, von Gott dem Schöpfer gewollt zu sein. Es kommt daher nicht von ungefähr, dass es zuerst christliche Krankenhäuser waren, die es den Eltern totgeborener Kinder ermöglichten, einen würdevollen Abschied von ihnen zu nehmen. Ebenso ist der Gedanke der Begleitung sterbender Menschen und ihrer Angehörigen im Rahmen der Hospizbewegung aus dem christlichen Menschenbild heraus entwickelt.

Der christliche Glaube schenkt eine Hoffnung, die unsere Vorstellungen weit übersteigt: eine Perspektive des Lebens über unseren irdischen Tod hinaus. Diese Hoffnung bewirkt eine besondere Beratungskompetenz. Wenn z.B. alt gewordene Menschen, denen absehbar nur noch für Monate geholfen werden kann, sich gegen alle lebensverlängernden Mittel und Maßnahmen sträuben und sagen: „Lasst mich doch in Frieden sterben", so darf deren Wunsch respektiert werden. Wer eine christliche Auferstehungshoffnung kennt, braucht nicht als dem Tode Geweihter sein Heil in Medikamenten und Apparatemedizin suchen.

Qualität

Patientinnen und Patienten in einem evangelischen Krankenhaus dürfen von der Gewissheit ausgehen, dass ethische Konflikte im Krankenhaus ernst genommen und von vielen verschiedenen Seiten beleuchtet werden. Dazu sind interdisziplinär zusammengesetzte Ethikkomitees gegründet, die ihre Aufgaben unabhängig wahrnehmen und Orientierungshilfen für anstehende Entscheidungen bieten. Das evangelische Krankenhaus ist keine Gesundheitsfabrik, in der Hochleistungsmedizin ständig Triumphe über Krankheit und Tod feiert. Das evangelische Krankenhaus ist vielmehr ein Ort zur Behandlung von Menschen in besonderen Lebenssituationen. Dass hier die Segnungen der modernen Medizin gern auf hohem Niveau genutzt werden, versteht sich von selbst. Es darf aber nicht übersehen werden, dass der Mensch im Mittelpunkt allen Handelns steht und nicht die Gesundheitstechnik das Allbeherrschende ist. Darum muss in einer evangelischen Krankenpflege von jedem der dort Handelnden Menschlichkeit und Mitgefühl erwartet werden können.

Bei aller notwendigen Ökonomisierung der Krankenpflege darf es nicht dazu kommen, dass sich der kranke Mensch dem Lebens- und Arbeitsrhythmus der für ihn tätigen Gesunden anpassen muss. Das nächtliche Waschen des Patienten zur besseren Auslastung der Nachtwache darf ebenso wenig Standard sein wie geplante nächtliche Operationen zur besseren Auslastung der Operationssaal-Kapazitäten.

Die Qualität in einem evangelischen Krankenhaus wird nicht dem Zufall überlassen. Sie ist vielmehr das Ergebnis einer klar definierten Qualitätspolitik mit entsprechenden Prozessen und Sicherungsmaßnahmen. Die Krankenhäuser lassen sich von anerkannten externen Stellen überprüfen und zertifizieren. Es gibt auch ein eigenes Zertifizierungsverfahren der kirchlichen Krankenhäuser (*proCumCert*) mit zusätzlichen, speziell diakonisch bestimmten Schwerpunkten. Die Gesundheit der Patienten ist nicht zuletzt auch dadurch zu fördern, dass sie in den Behandlungsprozess einbezogen werden. Das Krankenhaus will als Ort erfahren werden, der über die aktuelle Behandlung hinaus Anregung gibt für eine gesunde Lebensführung und sinnstiftende Lebensgestaltung.

Ausbildung für Krankenpflege

Es hat eine gute und lange Tradition, dass evangelische Krankenhäuser stets in Verbindung standen zu Ausbildungsstätten für christlich motivierte Krankenpflege. Die konfessionelle Ausbildung gewährleistet, dass einerseits Theorie und Praxis eng miteinander verknüpft sind und andererseits das Angebot des Evangeliums von Christus immer im Bezug zum Erlebnis des kranken Menschen gehalten wird. Natürlich kommt der evangelischen Krankenpflegeausbildung auch die Aufgabe zu, für einen profilierten Nachwuchs in der Arbeit des Krankenhauses zu sorgen. Wenn dies auf hohem Niveau geschieht, ist die Akzeptanz gesichert. Unbestritten ist heute, dass auch ein besonderes Gewicht auf die Vermittlung der so genannten „weichen Faktoren" gelegt werden muss. Nicht nur im Verhältnis zu den Patienten, sondern auch im Verhältnis zu den Mitarbeitern bleibt das christliche Menschenbild prägend: Die den Mitarbeiter entwürdigenden Hierarchieformen sind ebenso fehl am Platze wie Arbeitsbedingungen, die den Einzelnen dauerhaft überfordern. Evangelische Krankenpflege gestaltet sich als Dienstgemeinschaft im Bewusstsein der Gleichwertigkeit aller Handelnden und der gemeinsamen Abhängigkeit voneinander.

Der Bezug zur Kirche

Die Strahlkraft eines evangelischen Krankenhauses hängt entscheidend ab von der Verwurzelung seiner Mitarbeiter in der christlichen Gemeinde. Nur derjenige, der seinen persönlichen Rückhalt in der Gemeinschaft der an Christus Glaubenden findet, hält den Belastungen und Herausforderungen im Umgang mit Krankheit, Leid und Tod dauerhaft stand.

Die dem evangelischen Krankenhaus räumlich oder tatsächlich als Träger verbundene Kirche muss ihren Auftrag für die dort als Patienten oder Mitarbeiter Tätigen erkennen. Hier entscheidet sich die Fähigkeit der Kirche, die persönlichen psychisch-physischen Existenzkrisen der Menschen zu begleiten. Gerade diese Krisen werden im Krankenhaus erlebt und durchlitten.

Emanuel Brandt

- *Andrea Dörries / Wolfgang Vögele (Hg.):* Evangelische Krankenhäuser zwischen kirchlicher Identität und ökonomischen Sachzwängen, 2004.

- *Hans W. Schmuhl:* Evangelische Krankenhäuser und die Herausforderung der Moderne. 75 Jahre Deutscher Evangelischer Krankenhausverband (1926-2001), 2002.

Zum Leben gehört jederzeit das Altern und mit dem Zugewinn an Jahren damit zwangsläufig verbunden auch das Alter – der dritte Lebensabschnitt, der nach der gängigen Auffassung mit dem Ausscheiden eines Menschen aus dem Berufsleben und mit dem Eintritt in das Rentenalter beginnt.

Altern hinterlässt bei jedem Menschen unterschiedliche Spuren. Mit zunehmendem Lebensalter und vor allem im hohen Alter ist es oft das Nachlassen körperlicher und/oder geistiger Fähigkeiten, das betroffene Menschen in ihrer Selbstständigkeit einschränkt und eine (professionelle) Unterstützung erforderlich macht.

Diakonische Altenhilfe

Die Möglichkeiten zur Unterstützung von Menschen im Alter können mit dem Begriff Altenhilfe zusammengefasst werden. Neben den „klassischen" stationären Angeboten prägen unter anderem niedrigschwellige Leistungen der Offenen Altenhilfe und die ambulante Pflege die Struktur in Deutschland. Öffentliche, private und freigemeinnützige Träger teilen sich die Aufgaben und setzen dabei unterschiedliche Schwerpunkte.

Der Glaube an Jesus Christus und die gelebte Nächstenliebe – die Fundamente der diakonischen Arbeit – setzen sich in der diakonischen Altenhilfe fort und kommen im täglichen Umgang zum Tragen, denn unser Glaube spricht durch Taten.

Förderung der Lebensqualität

Einschränkende Begleiterscheinungen des Alters und deren Ausprägung führen Betroffene und deren Bezugspersonen unter anderem zu der Frage, welche Form der Unterstützung die richtige ist, um trotz der Beeinträchtigungen möglichst selbstbestimmt leben zu können. Die Diakonie bietet Menschen im Alter verschiedene

René Sossau

Möglichkeiten an, die abhängig von der Situation des Einzelnen dazu beitragen können, die Lebensqualität zu erhalten oder sogar zu steigern.

1. *Stationäre Altenhilfe – Lebensmittelpunkt mit bedürfnisorientierten Leistungen:* In der stationären Altenhilfe finden sich Altenwohnheime, Altenheime und Pflegeheime sowie stationäre Hospizeinrichtungen. Die Grenzen zwischen diesen Wohnformen sind jedoch fließend, da viele Einrichtungen mittlerweile Menschen mit einem unterschiedlichen Grad an Hilfe- und Pflegebedürftigkeit aufnehmen können und hospizliche Begleitung vielfach in Zusammenarbeit mit örtlichen Hospizvereinen geleistet wird. Als häufigste Form der stationären Altenhilfe hat sich daher das Alten- und Pflegeheim herausgebildet, das die genannten Wohnformen miteinander verbindet.

Im Vordergrund der stationären Altenhilfe steht das Wohnen. Menschen, die dauerhaft in eine Einrichtung einziehen, verlagern ihren Lebensmittelpunkt dorthin. Die Wohnatmosphäre und das Gefühl der Geborgenheit haben dabei einen entscheidenden Einfluss auf die subjektive Lebensqualität der Menschen. Sind pflegerische Unterstützung und soziale Betreuung erforderlich, so können diese professionell und auf die individuellen Bedürfnisse angepasst geleistet werden. Neben der allgemeinen Pflege, die grund- und behandlungspflegerische Leistungen umfasst, bieten Alten- und Pflegeheime zum Teil auch eine beschützende, gerontopsychiatrische Pflege für Menschen mit Demenz an. Für alle pflegerischen und sozialen Leistungen kennzeichnend ist der aktivierende Ansatz, der versucht, Menschen in ihren Fähigkeiten zu fördern.

An der Entwicklung der letzten Jahre fällt auf, dass ältere Menschen und deren Angehörige die Aufnahme in eine stationäre Altenhilfeeinrichtung so lange wie möglich hinauszögern. Gründe hierfür könnten finanzieller Art, aber auch der Wunsch nach Selbstbestimmtheit und nach einem familiären bzw. privaten Umfeld sein. Während das Lebensalter, in dem Menschen in ein Heim einziehen, stetig ansteigt und eine höhere Pflegebedürftigkeit schon oftmals gegeben ist, nimmt die Wohnverweildauer als gegenläufiger Effekt stetig ab. Unterstützt wird dieser Trend auch durch den medizinischen Fortschritt, der das betagte Alter in die Phase der Hochaltrigkeit verschiebt, während zugleich mehr „junge" Alte noch ohne Altersbeeinträchtigungen leben können.

2. *Teilstationäre Angebote – Entlastung für pflegende Angehörige:* Anders als stationäre Wohnformen der Altenhilfe können teilstationäre Angebote wie die Kurzzeit- und Verhinderungspflege sowie die Tages- und Nachtpflege nur zeitlich befristet in Anspruch genommen werden. Durch die professionelle Versorgung hilfe- und pflegebedürftiger Menschen können von diesen Hilfeformen auch pflegende Angehörige profitieren, die vorübergehend von der häuslichen Pflege entlastet werden.

3. *Betreutes Wohnen – Eigenständigkeit und Sicherheit für ältere Menschen:* Das Betreute Wohnen ist eine Wohnform für ältere Menschen mit weitgehend selbstständiger Lebensweise, aber auch für Menschen mit Hilfe- und Pflegebedarf. Durch ein alten- und behindertengerechtes Wohnumfeld und die Möglichkeit, bei Bedarf professionelle Pflege in Anspruch nehmen zu können, verknüpft das Betreute Wohnen Eigenständigkeit mit Sicherheit.

   Grundlage für das Betreute Wohnen ist ein normales Mietverhältnis, das um eine Betreuungspauschale für bestimmte Grundleistungen (z.B. Hausnotruf) erweitert wird. Bei Bedarf können die Mieterinnen und Mieter Pflegeleistungen von einem ambulanten Pflegedienst in Anspruch nehmen, die jedoch unabhängig vom Betreuten Wohnen anhand eines eigenen Pflegevertrags vereinbart werden müssen.

4. *Diakoniestationen – Pflege und Unterstützung im vertrauten Umfeld:* Der Grundsatz „ambulant vor stationär" bestärkt die Arbeit der Diakoniestationen. Diese bieten den Menschen professionelle

Pflege, Unterstützung und Beratung in der eigenen Häuslichkeit und ermöglichen ihnen damit den Verbleib im vertrauten Umfeld.

Mit ambulanten Pflegeleistungen der Grund- und Behandlungspflege sowie mit hauswirtschaftlichen Angeboten unterstützen die Diakoniestationen die häusliche Pflege durch pflegende Angehörige. Diese werden damit zugleich etwas entlastet.

Häufig werden die ambulanten Leistungen der Diakoniestationen durch kooperierende Mobile Mahlzeitendienste ergänzt, die Menschen täglich mit einem abwechslungsreichen Essen beliefern und ihnen damit den Haushalt erleichtern.

5. *Offene Altenhilfe – Vorbeugung zum Erhalt der Selbstständigkeit:* Mit dem Ziel, ältere Menschen darin zu unterstützen, ihre Selbstständigkeit zu bewahren und ihre vorhandenen Fähigkeiten einzusetzen, verfolgt die Offene Altenhilfe einen eher vorbeugenden (präventiven) Ansatz. Dazu gehören vor allem Angebote der allgemeinen Beratung, der Freizeitgestaltung und Beschäftigung sowie in den Bereichen der Bildung und Kulturarbeit. Überall gilt es zu fördern, dass sich Menschen aktiv engagieren oder Angebote wahrnehmen.

6. *Palliative Care und Hospizarbeit – Leben bis zuletzt: Palliative Care* (schmerzlindernde Pflege) steht hier verkürzt für ein umfassendes Versorgungskonzept im Rahmen der Hospizarbeit. Die Pflege und Begleitung berücksichtigen körperliche, psychische, soziale und spirituelle Aspekte und versuchen, die Lebensqualität der Betroffenen und ihrer Angehörigen angesichts der Krankheitsgeschichte und des Krankheitsverlaufs zu verbessern und auftretende Symptome wie Schmerzen, Angst oder Atemnot zu mildern. In vielen Einrichtungen arbeiten hierzu bereits speziell ausgebildete Palliative-Care-Fachkräfte, die die palliative Versorgung organisieren, umsetzen und begleiten.

Krankheit, Sterben und Tod sind in Alten- und Pflegeheimen keine ungewöhnlichen Ereignisse und auch die Arbeit der

Diakoniestationen wird stark von ihnen beeinflusst. Bei der Pflege und Betreuung der Menschen stehen im Bereich der Diakonie nicht die Verlängerung der Lebenszeit um jeden Preis, sondern die Lebensqualität und die Wünsche, Ziele und das Befinden der Betroffenen im Vordergrund. Der Hospizgedanke wird dabei in Form von verschiedenen Ritualen und Angeboten spür- und erlebbar, denn menschliches Leben liegt von seinem Beginn bis zu seinem Ende in der Hand Gottes, der ihm Würde und Sinn verleiht. Im Sinn des christlichen Auftrags erhalten Menschen in der letzten Phase ihres Lebens eine einfühlsame Begleitung – bis zuletzt.

Altern ist nicht nur ein biologischer, sondern auch ein biografischer und gesellschaftlicher Prozess. Dieser tritt nicht unvermittelt ein, sondern wird durch vielfältige Faktoren beeinflusst. Altern ist ein fortwährender Veränderungsprozess. Aufgabe der Altenhilfe ist es, Menschen in ihrem dritten Lebensabschnitt durch diesen Veränderungsprozess hindurch zu begleiten und ihnen durch passende und miteinander vernetzte Angebote die Lebensqualität zu erhalten.

René Sossau

- *Martina Blasberg-Kuhnke / Andreas Wittrahm (Hg.):* Altern in Freiheit und Würde. Handbuch christliche Altenarbeit, 2007.

- *Astrid Woog:* Einführung in die Soziale Altenarbeit, 2006.

Geschwisterlicher Beistand für schwache, unterdrückte und verfolgte Gemeinden andernorts ist ein Urbestandteil christlichen Lebens (vgl. 2 Korinther 8-9). Aber der aus dem Griechischen stammende Begriff Ökumene meint nicht nur die Beziehungen zwischen den Kirchen, sondern die ganze Menschheit. Christen tragen gemeinsam Verantwortung für die ganze Welt. Und so umfasst weltweite Diakonie, genannt auch Ökumenische Diakonie, das breite Spektrum der Unterstützung notleidender Schwesterkirchen, der Hilfe für in Not geratene Einzelne weltweit – unabhängig von der Religions- oder Konfessionszugehörigkeit –, der Strukturhilfe und der Gesellschaftsdiakonie in jedweder Nation und der Verantwortung für eine angemessene Weltsozialpolitik. Im gegenwärtigen Bereich „Ökumenische Diakonie" im Diakonischen Werk der EKD geschieht dies durch die Arbeitsbereiche bzw. Aktionen „Kirchen helfen Kirchen", „Diakonie Katastrophenhilfe", „Hoffnung für Osteuropa", „Brot für die Welt", das Menschenrechtsreferat und das Ökumenische Stipendienprogramm. Parallel dazu ist auch der „Evangelische Entwicklungsdienst" als Entwicklungswerk der evangelischen Kirchen tätig.

Nothilfe

Wie die Diakonie im Inland begann auch die Ökumenische Diakonie als christliche Nothilfe: 1922 wurde das „Europäische Zentralbüro für zwischenkirchliche Hilfe" eingerichtet, das die Kirchen Europas nach dem Ersten Weltkrieg bei der Flüchtlings- und Wiederaufbauhilfe unterstützte. Nach dem Zweiten Weltkrieg entstanden in den meisten neutralen und Siegernationen große humanitäre Hilfswerke. Die konfessionellen Weltbünde (insbesondere der Lutherische Weltbund) wie auch der Ökumenische Rat der Kirchen (ÖRK) koordinierten von Genf aus deren Hilfeleistungen im zerstörten Europa. Insbesondere Deutschland profitierte von der Solidarität der europäischen und amerikanischen Kirchen, die sie über Genf erreichte. 1945 gründete die Kirchenversammlung in Treysa das „Hilfswerk der Evangelischen Kirchen in Deutschland", in dem neben den Landes- auch die Freikirchen mitwirkten. Mit der großzügigen finanziellen Hilfe aus dem Ausland organisierte es den kirchlichen Beitrag zum Wiederaufbau Deutschlands, zur Hilfe für die Vertriebenen und Flüchtlinge und zur Wiederbelebung des kirchlichen Lebens.

Selbst noch Hilfsempfänger der Ökumene, beschlossen die evangelischen Kirchen in Deutschland jedoch schon 1954, sich in dankbarer Antwort auf die empfangene Hilfe auch als Helfer zu betätigen. Sie gründeten im Hilfswerk das „Ökumenische Notprogramm der Evangelischen Kirche in Deutschland". Es hatte zwei Bestandteile:

1. Zwischenkirchliche Hilfe beim Auf- und Ausbau der Infrastruktur armer Kirchen – heute durch das kirchensteuerfinanzierte Programm „Kirchen helfen Kirchen" weitergeführt,

2. Nothilfe für Flüchtlinge und Katastrophenopfer, die heute von der „Diakonie Katastrophenhilfe" wahrgenommen wird.

Die Diakonie Katastrophenhilfe arbeitet u.a. im Rahmen des globalen kirchlichen Netzwerkes ACT (*Action by Churches Together*) mit einem weltweiten Partnernetzwerk und setzt pro Jahr zwischen 150 und 200 Einzelprojekte mit einem Volumen von 25–100 Millionen Euro in ca. 50 Ländern um.

Entwicklungsverantwortung

Im Zuge der Beendigung kolonialer Besetzung anderer Länder durch europäischen Mächte wurden auch die Kirchen der betroffenen Länder selbstständig. Die Notwendigkeit langfristiger struktureller Entwicklungsprogramme und aktiver kirchlicher Mitarbeit am Aufbau einer verantwortlichen Gesellschaft verdichtete sich in dem Schlagwort der Gesellschaftsdiakonie. Entwicklungsverantwortung wurde zur anerkannten Aufgabenstellung der Ökumenischen Diakonie.

In diesem ökumenischen Diskussionsklima hoben 1959 die Landes- und Freikirchen gemeinsam die Spendenaktion „Brot für die Welt" als Teil der Ökumenischen Diakonie der Kirchen aus der Taufe.

Gemäß dem diakonischen Auftrag wurden nun nicht mehr nur Kirchen im Süden in ihrer sozialdiakonischen Arbeit unterstützt, sondern auch nicht-kirchliche Partnerorganisationen. „Brot für die Welt" sollte nach dem Gründerwillen wesentlich nicht missionarischen Zwecken dienen, sondern dem Dienst an allen Bedürftigen.

Dachte man in den Anfangsjahren daran, dem Süden das nötige Personal und Wissen, vor allem in den Bereichen Gesundheit und Ausbildung, aus dem Norden zu liefern, so wurde schnell deutlich, dass die Menschen und Kirchen an jedem Ort ihre eigenen Projekte entwickeln und durchführen müssen, um nachhaltig die Probleme vor Ort zu lösen. „Hilfe zur Selbsthilfe" war fortan gefragt. Lokale (kirchliche und nicht-kirchliche) Partnerorganisationen entwickeln gemeinsam mit der betroffenen Bevölkerung Projekte zur Stärkung des Gemeinwesens, für Bildung und Ausbildung, Förderung bäuerlicher Landwirtschaft, Förderung von Handwerk und Kleingewerbe, medizinische Grundversorgung, soziale Einrichtungen, leisten Hilfe bei Menschenrechtsverletzungen, gewähren Stipendien usw. „Brot für die Welt" berät die Partner, hilft über die Finanzförderung hinaus bei der Qualifizierung ihrer Arbeit, vernetzt sie untereinander und unterstützt ihre Anliegen politisch. „Brot für die Welt" fördert in diesen Jahren weltweit etwa 1.200 Projekte in 63 Ländern mit einem jährlichen Finanzvolumen von ca. 55 Millionen Euro. Im Zentrum aller Aktivitäten stehen die Personengruppen in Afrika, Asien und Lateinamerika, die besonders unter Armut und Diskriminierung leiden. Frauen, Kindern, Behinderten und Angehörigen von ethnischen Minderheiten gilt dabei spezielle Aufmerksamkeit.

Bewusstseinsarbeit und globale Anwaltschaft

Aufklärung nicht nur über unsere (Mit-) Verantwortung für die Ursachen der Armut weltweit, sondern auch über den Zusammenhang weltweiter Armut mit Armut im eigenen Land rückt immer deutlicher in den Aufgabenbereich evangelischer Entwicklungsarbeit. Inzwischen verlagern sich die Konfliktlinien zwischen Nord und Süd immer stärker auch in unsere eigene Gesellschaft hinein

(Asylfrage, Debatte um den Standort Deutschland). Auf Drängen der Partnerorganisationen nahmen seit den neunziger Jahren nationale und internationale Lobbyarbeit und anwaltschaftlich verstandene Bemühungen (*advocacy*) um eine Verbesserung der politischen und wirtschaftlichen Rahmenbedingungen einen immer breiteren Raum in der Arbeit kirchlicher Entwicklungsorganisationen in Deutschland und Westeuropa ein. In Absprache und Verbund mit den ökumenischen Organisationen und Partnernetzwerken verstärkte die Ökumenische Diakonie ihre anwaltliche Funktion gegenüber der Öffentlichkeit und den Entscheidungsträgern in Politik und Wirtschaft im Norden und gegenüber internationalen Organisationen.

In Zeiten der Globalisierung verläuft die Teilung der Welt in Arm und Reich nicht mehr nur zwischen Staaten bzw. Kontinenten. Armut ist global geworden, Armutsbekämpfung zu einem unteilbaren globalen Ziel. An den verschiedensten Stellen der Erde befinden sich Menschen in derselben sozialen Position (nicht Situation) wieder – als *global player* (länderübergreifend handelnde Geldanleger und Investoren) oder als deren Spielbälle. Darum greift eine Unterstützung und Vernetzung auf lokaler Ebene zu kurz, solange Menschen/ Bevölkerungsgruppen/ ganze Regionen auf der Suche der global player nach den günstigsten Standorten gegeneinander ausgespielt werden können. Die soziale Frage kann jetzt nur noch international gelöst werden. Es wird zur Aufgabe der Diakonie, sich an dem Aufbau und der Umsetzung einer angemessenen Weltsozialordnung zu beteiligen – zusammen mit Partnern weltweit.

Cornelia Füllkrug-Weitzel

- *Brot für die Welt (Hg.):* Brot für die Welt. Fünf Jahrzehnte kirchliche Entwicklungszusammenarbeit, 2008.

- *Konstanze E. Kemnitzer:* Der ferne Nächste. Zum Selbstverständnis der Aktion „Brot für die Welt" 1959-2000, 2008.

4. Wer arbeitet in der Diakonie?

Was für unterschiedliche Formen der Mitarbeit in der Diakonie gibt es?

Es ist noch gar nicht so lange her, dass die Diakonie mit zwei Berufen geradezu gleichgesetzt wurde – dem der Diakonisse und des Diakons („Diakonisse – Diakon – Diakonin, Diakonat", 4.2). Sie sind heute zahlenmäßig in den Hintergrund getreten, haben aber weiterhin ihre eigene Bedeutung, was sich nicht zuletzt in der Debatte um ein eigenes diakonisch-kirchliches Amt samt Ordination (den Diakonat) zeigt. Zur Diakonie gehören „diakonische Fachberufe" (4.1) in großer fachlicher Vielfalt. Diakonische Professionalität insgesamt ist zu bedenken. Aber die Basis für die Arbeit der Diakonie sind und bleiben die „Ehrenamtlichen" (4.3) bzw. – wie man heute sagt, um verschiedene Verständnisse von unbezahlter Aktivität mit zu erfassen – die „Freiwillig Engagierten".

Wo Menschen miteinander diakonisch arbeiten, braucht es „Leitung" (4.4): Die der Diakonie angemessene Weise von Leitung wird bedacht – was daran aus früheren Zeiten geblieben ist und was sich in den letzten Jahren sehr verändert hat.

Dem Helfen die ganze Aufmerksamkeit zu widmen, prägt die Menschen. Handelt es sich bei ihnen eigentlich um – so eine populäre These – „hilflose Helfer" (4.5)? Welche Kräfte der Diakonie helfen gegen Selbstausbeutung und Burnout? *E.H.*

> Diakonisse
> Diakon
>
> Diakonische
> Fachberufe
>
> Ehrenamtliche
>
> Leitung
>
> Hilflose Helfer?

Vincent Willem van Gogh (1853-1890): Der gute Samariter (nach Delacroix), 1890; Öl auf Leinwand, 73 × 60 cm; Rijksmuseum Kröller-Müller, Otterlo.

Das Bild vom barmherzigen Samariter teilt der Maler mit einer von links oben nach rechts unten verlaufenden Diagonale in ein Gelb dominiertes unteres und ein Blau dominiertes oberes Dreiecksfeld. Während der Gelbbereich der erzählten Handlung vorbehalten ist, bietet das obere Dreieck Platz für eine dramatische Felslandschaft. Durch die Aufnahme der jeweils anderen Farbe werden die Bildbereiche spannungsvoll miteinander in Beziehung gesetzt.

Im Zentrum des Bildes steht die kompakte Figurengruppe aus Samariter, Opfer und Reittier: mit sichtlicher körperlicher Anstrengung versucht der Samariter den Überfallenen auf sein geduldig wartendes Maultier zu heben, das Gewicht drückt seinen Oberkörper weit nach hinten, mit dem rechten Bein stützt er den auf ihm Lastenden zusätzlich. So entsteht kompositorisch innerhalb des Rechtecks der Figurengruppe eine dynamisch wirkende Bogenform, die durch die leicht nach rechts verlaufende Senkrechte des Tieres spannungsvoll ausgeglichen wird.

Für van Gogh besaßen die Farben Symbolwirkung: das hier in vielen Abstufungen verwendete Gelb stand für Freundschaft, war für ihn Farbe der Schöpfung und Herrlichkeit der Sonne. Die Intention des Malers, mittels Farbe ein Motiv zu interpretieren, wird im Bild vom barmherzigen Samariter konsequent umgesetzt: Thema der farbigen Deutung ist der Freundschaftsdienst, den der Samariter dem in Not geratenen Fremden erweist.

Das bei Lukas (10,30ff) erzählte Gleichnis vom Mann, der unter die Räuber fällt und dem weder ein vorbeikommender Priester noch ein Levit helfen, sondern den erst der fremdstämmige Samariter rettet – also der, dem man diesen Dienst am wenigsten zutrauen würde – ist Jesu Antwort auf die Frage eines Gesetzeslehrers nach einem wahrhaft gottgefälligen Tun im Sinne der Hauptgebote der Gottes- und Nächstenliebe.

Kerstin Clasen

Diakonische Fachberufe befähigen Frauen und Männer zu Tätigkeiten in der Diakonie und im Sozial- und Gesundheitswesen. Wer in diesen Tätigkeiten Verantwortung für Menschen und Organisationen übernimmt, braucht fachliches Wissen und Können, Anleitung und Begleitung in weit gefächerten Angeboten der Aus-, Fort- und Weiterbildung.

Ausbildung

Ausbildungen für Fachberufe im Sozial- und Gesundheitswesen setzen überwiegend die Mittlere Reife oder eine Zugangsberechtigung zur Fachhochschule voraus. Sie führen in der Regel in drei Jahren zu staatlich anerkannten Abschlüssen, z.B. in der Gesundheits- und Krankenpflege, Altenpflege, als Erzieher/in, in der Kinderpflege, Heilpädagogik, Heilerziehungspflege, Haus- und Familienpflege sowie an Fachhochschulen in verschiedenen Studiengängen zu Bachelor- und Masterabschlüssen für die Soziale Arbeit oder die Pflege. Die meisten der schulischen Abschlüsse werden durch die Bundesländer auf der Grundlage von Rahmenvereinbarungen der Kultusministerkonferenz geregelt. Abschnitte der praktischen Ausbildung sind verschiedene kürzere Praktika und in der Regel ein Anerkennungsjahr. Durch Bundesgesetz sind die Ausbildungen zur Gesundheits- und Krankenpflege und Gesundheits- und Kinderkrankenpflege sowie der Altenpflege geregelt. Diese Ausbildungen setzen jeweils einen festen Ausbildungsplatz in einem „Betrieb", also einem Krankenhaus oder einer Einrichtung der Altenhilfe, voraus und finden im Wechsel betrieblicher und schulischer Abschnitte statt.

Die staatlich anerkannten Ausbildungen befähigen oder berechtigen zu Aufgaben und Tätigkeiten in Einrichtungen und Diensten der Diakonie im Sozial- und Gesundheitswesen, zum Beispiel in Krankenhäusern, in Altenheimen, in Einrichtungen der Behindertenhilfe, in ambulanten Pflege- und Versorgungsdiensten, in Diakoniestationen

und Beratungsdiensten, in der Kinder- und Jugendhilfe, in Kindergärten und Kindertageseinrichtungen, in der Jugendsozialarbeit, in
Hilfen zur Erziehung, in der Familienpflege.

Diakonie als Anbieter von Ausbildung für die Diakonie

In der Diakonie stehen etwa 500 Aus-, Fort- und Weiterbildungs-
einrichtungen mit insgesamt rund 27.000 Ausbildungsplätzen bereit
(zu den Ausbildungsangeboten siehe www.diakonie.de/Beruf und
Engagement). Viele der staatlich anerkannten und in bundes- oder
länderrechtlicher Regie durchgeführten Ausbildungen im Sozial-
und Gesundheitswesen haben diakonische Wurzeln. Johann Hinrich
Wichern, Theodor Fliedner oder Wilhelm Löhe betrachteten Bildung
und Ausbildung als einen wichtigen Baustein des diakonischen Auftrags. Diesem Auftrag sind diakonische Fachberufe in Einrichtungen
und Diensten der Diakonie im Gesundheits- und Sozialwesen auch
heute verpflichtet. Sie stellen den einzelnen Menschen als Person,
seine Förderung und Entfaltung als „ganzer Mensch" in den Mittelpunkt. Diakonische Aus-, Fort- und Weiterbildungsstätten verstehen
sich in diesem Sinne als Orte, an denen zeitgemäßes berufliches Wissen und Können mit dem christlichen Menschenbild eng verbunden
sind und das fachliche Lernen auch die Bildung der Person und den
Umgang mit Gewissen und Verantwortung umfasst.

Anforderungen diakonischer Berufe

Die gegenwärtigen gesellschaftlichen Entwicklungen in Sachen
Armut, Familien, Alter, Individualisierung, Finanzierung sozialer
Arbeit usw. stellen hohe Anforderungen an diakonische Fachberufe
im Sozial- und Gesundheitswesen. Zu ihrem Wissen und Können
gehört es, passgerechte Angebote zu entwickeln, ohne Menschen zu
bevormunden oder ihnen etwas überzustülpen. Professionelle in der
Diakonie müssen in der Lage sein, Angebote gemeinsam mit anderen Fachberufe im Sozial- und Gesundheitswesen zu vernetzen und
weiterzuentwickeln. Dazu ist spezifisches Fachwissen ebenso wie ein

breiter Überblick erforderlich. Sie müssen in der Lage sein, mit Vertre-
terinnen und Vertretern von Institutionen und Behörden zu verhan-
deln, dazu müssen sie auch deren Standpunkt kennen. Sie müssen
freiwilliges und ehrenamtliches Engagement entdecken und fördern.
Sie müssen in der Lage sein, den Erfolg ihrer Arbeit mit den gesetzten
Zielen zu vergleichen und öffentlich zu vertreten. Schließlich müssen
sie wissen, wie sie sich fachlich auf dem Laufenden halten und was
sie dafür tun müssen.

Evangelische Fachschulen, Fachakademien und Fachhochschulen
entwickeln Angebote von Bildung und Ausbildung vor diesem hohen
Anspruch an das Wissen und Können der Angehörigen diakonischer
Fachberufe. Sie stehen dabei in engem Kontakt mit diakonischen Einrichtungen und Diensten. Diakonische Einrichtungen und Dienste
sind hierbei wichtige Anbieter und Gestalter von Arbeits- und Ausbildungsplätzen und tragen einen Großteil der Verantwortung für die
Ausgestaltung der Aus-, Fort- und Weiterbildung mit.

Vernetzungen

Diakonie verfügt über ein breites Feld an Erfahrung sowohl in der
Ausbildung von Mitarbeitenden im Sozial- und Gesundheitswesen
als auch in der Beschäftigung von Menschen in diesen Arbeitsfeldern. Diakonische Fachberufe bieten auch für diejenigen, die bereits
im Berufsleben stehen, vielfältige Möglichkeiten, sich beruflich weiterzuentwickeln oder neu zu orientieren. Dabei geht es nur zum Teil
um Aufstiegspositionen, denn es gibt auch Möglichkeiten, in angren-
zende Bereiche zu wechseln, in Fachberatung, Planung, Erziehung
und Beratung tätig zu sein oder in die Ausbildung zu wechseln. Der
Schlüssel liegt in der Vielfalt und der Vernetzung von Handlungsfeldern im Gesundheits- und Sozialwesen.

So gibt es zum Beispiel im Bereich der Heilerziehungspflege/Heil-
pädagogik unter anderem folgende Entwicklungsmöglichkeiten:
Leiter/in einer integrativen Gruppe, Weiterbildung in systemischer
Familienberatung, Diagnostik usw., Leiter/in eines Wohnheims für
Menschen mit geistiger Behinderung, lehrende Tätigkeit in Fort- und

Weiterbildung oder Sonderschulen, Fachberater/in für integrative Einrichtungen, selbstständige Tätigkeit in freier Praxis, Studium der Heilpädagogik, des Sozialwesens usw., Gruppenpädagoge/in in Tageseinrichtungen für verhaltensauffällige und problembelastete Kinder, Betreuer/in in psychosozialen Diensten für psychisch Kranke, Berater/in in der pädagogischen Frühförderung.

Fort- und Weiterbildung gehört in diesem Zusammenhang zu einer verantwortlichen Personal-, Organisations- und Qualitätsentwicklung. Hier finden sich Angebote aufeinander aufbauender Bildungsgänge, die professionelle Grundlagen vermitteln, aber auch den Zugang zu weiterführenden Laufbahnen eröffnen. Auch diese Angebote stellen den ganzen Menschen in den Mittelpunkt aller Bemühungen. Dies gilt in besonderem Maße für die Fort- und Weiterbildung von Führungskräften in der Diakonie. Diese kommen überwiegend aus den eigenen Einrichtungen und Diensten und haben bereits berufliche Erfahrungen in der Diakonie erworben. Eine wichtige Führungsaufgabe besteht darin, Mitarbeitende mit dem diakonischen Leitbild und Selbstverständnis der jeweiligen Einrichtung oder des jeweiligen Dienstes vertraut zu machen. Gerade in einer Zeit von Veränderungen in Medizin und Pflege, von Umbrüchen in der Sozialgesetzgebung und deren Folgen stehen Mitarbeitende in der Diakonie vor theologischen und ethischen Fragen und benötigen in ihrem Arbeitsalltag neben fachlicher auch persönliche und seelsorgerliche Begleitung.

Diakonische Fachberufe stiften Sinn für andere, aber auch für sich selbst. Sich einzusetzen für das Wohl von Menschen und für soziale Gerechtigkeit bedeutet, mit seinen Mitmenschen in Beziehung zu stehen und die Chance, sich dabei selbst immer wieder neu wahrzunehmen.

Irene Waller-Kächele

- *Sonja Breitenbach:* Frauen gestalten Soziale Arbeit. Soziale Arbeit zwischen Geistiger Mütterlichkeit und Professionalität, 2000.

Die Innere Mission entstand in der Mitte des 19. Jahrhunderts als eine soziale Bewegung innerhalb eines sich modernisierenden Deutschlands (→ 1.3). In diesem Zusammenhang erfolgte die Entwicklung eigener neuer Berufe innerhalb des kirchlichen und diakonischen Raumes. Diese neuen Berufsfelder standen dabei in der besonderen Spannung zwischen der Ausbildung einer erforderlichen Fachlichkeit (→ 4.1) sowie einer engen Anbindung an die Lehre der christlichen Kirche.

Diakonisse

Grundsätzlich bestimmte die Frage nach „Beruf und Berufung" die Ausgestaltung und Entwicklung der sichtbarsten und nachhaltigsten diakonischen Berufe im 19. Jahrhundert, der Diakonissen und Diakone (Brüder). In ihnen spiegelt sich ein berufliches Selbstverständnis wider, welches stark von religiösen Norm- und Wertvorstellungen geprägt ist und neben einer spezifischen Einstellung gegenüber dem Beruf auch gemeinschaftsbildende Elemente besitzt.

Als Theodor Fliedner (→ 1.3) 1836 die Diakonissenanstalt in Kaiserswerth eröffnete, hatte er noch keine feste Vorstellung davon, wie sich das Diakonissenamt entwickeln sollte. Neben die Aufgabe der Krankenpflege trat von Beginn an als zweiter Bereich die „Lehrdiakonie", die Arbeit der Diakonissen im Bereich der Schulen und der Elementarbildung. Von Beginn an verstand Fliedner den Dienst der Pflegerinnen, wie er die Frauen zunächst auch nannte, als ein kirchliches Amt, welches sich auf apostolische Vorbilder zurückführen ließ.

Die Diakonissen – junge unverheiratete evangelische Frauen – wurden für den Bereich ihrer Berufstätigkeit für damalige Verhältnisse intensiv und lange ausgebildet, etwa durch Unterricht in der praktischen Krankenpflege oder durch einen allgemeinbildenden Unterricht. Zugleich lag ein wesentliches Element in der Bildung und Pflege einer religiösen Gemeinschaft. Die eintretenden Diakonissen sollten eine fest gefügte Lebensordnung vorfinden und sich in diese hineinleben. Ziel war es, aus den Individuen eine Gemeinschaft zu formen, die sich durch gleiche Ziele und übereinstimmende Glaubensgrundsätze auszeichnen sollte. So entwickelte Fliedner verschiedene gemeinschaftsbildende Elemente; dazu gehörten eine monatliche Betstunde, ein gemeinsames Liederbuch, besondere „Selbstprüfungsfragen", die sich jede Diakonisse stellen sollte, sowie eine sehr detaillierte „Hausordnung", die das Zusammenleben und Arbeiten der Diakonissen regelte.

Das Grundmuster des diakonischen Liebeshandelns wurde von Fliedner in einem dreifachen Diakonissendienst begründet. Dieses Dienstverständnis hat sich bis in das 20. Jahrhundert hinein in den Diakonissenanstalten gehalten. Die Diakonissen sollten 1. „Dienerinnen des Herrn Jesu", 2. „Dienerinnen der Kranken um Jesu willen" (später hieß es hier: „der Armen, Kranken und Kinder um Jesu willen"), 3. „Dienerinnen untereinander" sein.

Nach dem in Kaiserswerth gebildeten Modell entstanden weit über Deutschland hinaus Diakonissenmutterhäuser, die alle durch ihre doppelte Bedeutung als Häuser religiöser Frauengemeinschaften wie auch soziale Unternehmen mit Krankenhaus, Schulen oder Erziehungshäusern o.ä. geprägt waren. Die Mutterhäuser schlossen sich 1861 zur sog. Kaiserswerther Generalkonferenz zusammen, 1916 erfolgte der lose Zusammenschluss zum noch heute bestehenden Kaiserswerther Verband. Die Verbindung von fester gemeinschaftsbildender Form und sozialer Arbeit für Frauen vermochte eine große Wirkung zu entfalten. In den dreißiger Jahren des 20. Jahrhunderts arbeiteten 30.000 Diakonissen in einem zu diesem Zeitpunkt weit verzweigten Netz von verschiedenen Berufen des Sozial- und Gesundheitswesens und der Erziehungsarbeit. Die verschiedentlich geäußerte Kritik an der Lebensform „Diakonisse" führte zu weiteren Gründungen wie z.B. des Zehlendorfer Verbandes von Friedrich Zimmer (1855–1919). Die „Diakonieschwestern", die sich nicht der verbindlichen Form der Mutterhausdiakonie mit ihrer festen Versorgungsordnung anschlossen, arbeiten bis heute primär in der Krankenpflege.

Diakon

Zahlenmäßig kleiner war die Bewegung der Brüderanstalten bzw. Diakonenanstalten mit bis zu 6.800 Mitgliedern. Neun Jahre nach Eröffnung der Erziehungsanstalt „Rauhes Haus" in Hamburg gründete Johann Hinrich Wichern (→ 1.3) 1842 die „Brüderanstalt" im Rauhen Haus als eine Ausbildungsstätte. Sie gilt allgemein als eine Geburtsstätte der modernen Sozialarbeiterausbildung. Nach dem Eintritt – zwischen dem 21. und 30. Lebensjahr nach möglichst abgeschlossener Berufsausbildung und einer mehrmonatigen Probezeit – durchliefen die sog. „Probebrüder" eine gründliche mehrjährige Ausbildung, die theoretische und praktische Elemente verband. Eintrittsvoraussetzung war zudem eine enge und lebendige Beziehung zum evangelischen Glauben.

Wie bei den Diakonissen ist der Zusammenhang von beruflicher Tätigkeit und innerer Berufung grundlegend. In der Ausbildungsphase sollte gerade die Glaubensfestigkeit geprüft werden, es sollte die Entscheidung zum Eintritt im Idealfall eine langfristige oder auch lebenslange sein. Die eigene Berufung verband sich dann mit einem christlichen Sendungsbewusstsein. Die Anstalten und Einrichtungen entschieden über die Einsatzgebiete, dorthin wurden – im Auftrag des Mutterhauses bzw. des Brüderhauses – die Mitglieder der Gemeinschaften entsandt. Gerade dieses Prinzip der Aussendung an andere Orte erforderte die Bildung eigener religiöser Gemeinschaften. Bildeten die Diakonissen, von denen Ehelosigkeit erwartet wurde, eine Einheit aus Glaubens-, Lebens- und Dienstgemeinschaft, entwickelte sich die Gemeinschaft der Brüder bzw. Diakone, die heiraten durften, anders. Gemeinsam war beiden im 19. Jahrhundert, dass es sich um patriarchal geführte Einrichtungen handelte.

Später als bei den Diakonissenmutterhäusern kam es zur Gründung eines gemeinsamen Verbandes, der sich als „Deutscher Diakonenverband" erst 1913 bildete, allerdings als expliziter Berufsverband. Zu diesem Zeitpunkt hatte sich – entgegen Wicherns ursprünglicher Zielsetzung – auch der Begriff des Diakons endgültig durchgesetzt, sicherlich in Anlehnung an die Bezeichnung Diakonisse.

Diakonische Gemeinschaften und Diakonat heute

Im Verlauf des 20. Jahrhunderts veränderten sich die Fragen der Berufsausbildung stark, etwa durch die staatliche Anerkennung von Berufen (z.b. Krankenschwester, Sozialpädagoge usw.). Dies hatte auch spürbare Auswirkungen auf die Ausbildungswege in der Diakonie. Dieser Prozess hatte schon 1907 mit dem in Preußen vorgeschriebenen Krankenpflegeexamen eingesetzt, ebenso wie mit den Veränderungen bei der Ausbildung von Fürsorgerinnen bzw. Gemeindehelfern.

Nach dem Zweiten Weltkrieg beschleunigte sich dieser Prozess. Die gesellschaftlichen Veränderungen der 1960er Jahre haben dann bei beiden traditionsreichen Berufsfeldern zu großen Veränderungen geführt, auch bedingt durch den starken zahlenmäßigen Rückgang der Gemeinschaften, der die großen, von der Krankenpflege geprägten Diakonissengemeinschaften besonders stark traf. Seit 1968 nahmen die ersten Diakonenanstalten auch Frauen auf, die sie Diakoninnen nannten, da der Begriff „Diakonisse" allzu häufig mit der Lebensform in eins gesetzt wurde. Das Berufsfeld der „Gemeindehelferin" wurde teilweise zur Sache der Gemeindediakone, die Ausbildung verlagerte sich mehr und mehr auf Höhere Fachschulen, die auch in diakonischen Einrichtungen bestanden.

Die Mutterhäuser konnten den großen Arbeitskräftebedarf in der expandierenden Diakonie nicht mehr decken; sie begannen die Lebensformen und die geistliche Ausrichtung zu verändern. Heute ist die Diakonissenausbildung auf biblisch-theologische Fragen konzentriert. Die Diakonenanstalten setzen auf die Kombination von einem staatlich anerkannten Beruf und diakonisch-theologischer Ausbildung. So gilt heute ein Modell der doppelten Qualifikation. Diakonin und Diakon ist ein kirchliches Amt, ausgeübt von Menschen in verschiedenen Berufsfeldern.

Die Frage danach, ob die Berufung zur Diakonisse oder zum Diakon eine Berufung in ein eigenes wiederherzustellendes Amt der Kirche (den „Diakonat"), bedeute, wurde bereits im 19. Jahrhundert aufgeworfen und kontrovers diskutiert. Der Dachverband der Diakoninnen und Diakone (VEDD) setzte sich seit Mitte der 70er Jahre des vergangen Jahrhunderts für die Etablierung des Diakonischen Amtes in der Kirche ein. Denn die EKD ist durch ihre Grundordnung in Art. 15 (1) von 1948 aufgefordert, den Diakonat in der Kirche zu gestalten. Dazu wurde 2002 gemeinsam mit den beiden anderen großen Verbänden im Diakonat, dem Kaiserswerther Verband Deutscher Diakonissenmutterhäuser und dem Zehlendorfer Verband für Diakonie, der Entwurf einer Richtlinie erarbeitet, der den Landeskirchen zur Beratung vorgelegt wurde, nachdem das DW-EKD ihn verabschiedet hatte.

Der Diakonat wird von Berufsträgern in der Diakonie aber nicht einheitlich befürwortet. Auch innerhalb der evangelischen Landeskirchen gibt es unterschiedliche Auffassungen von Ordination überhaupt und von Einheit und Vielfalt des kirchlichen Amts. In der Ökumene ist es seit langem üblich, dass Diakone und Diakonissen (Diakoninnen) in den Diakonat (das heißt nicht notwendigerweise gleichzeitig zur Wortverkündigung) ordiniert werden; das ist auch in Schweden, in Brasilien und in der Schweiz der Fall.

Die Organisation der Diakone und Diakoninnen (Diakonissen) in Gemeinschaften hat sich in der Vergangenheit bewährt. Heute hat das Projekt „Diakonie in Gemeinschaft" für die diakonisch-theologische Grundlegung in selbstständigen diakonischen Einrichtungen eine hohe Bedeutung. Dafür werden in den genannten Dachverbänden entsprechende Lehrpläne vorgehalten und wird theologische und unternehmenspolitische Grundlagenarbeit geleistet.

Norbert Friedrich / Martin Wolff

- *Heinz Schmidt / Reiner Merz / Ulrich Schindler (Hg.):* Dienst und Profession. Diakoninnen und Diakone zwischen Anspruch und Wirklichkeit, 2008.

- *Norbert Friedrich / Christine-Ruth Müller / Martin Wolff:* Diakonie pragmatisch. Der Kaiserswerther Verband und Theodor Fliedner, 2007.

Die Bezeichnung „Ehrenamt" umfasst nicht mehr ausschließlich die Motive und Tätigkeitsweisen der „Freiwilligen", „Engagierten" und *„Volunteers"*. Darum ist als neuer Oberbegriff „Freiwillig Engagierte" inzwischen in Gebrauch gekommen und wird auch in diesem Artikel verwendet.

Kirche und Diakonie können, lange bevor die derzeitigen Debatten und Entwicklungen einsetzten, bis in ihre Anfänge hinein auf freiwillig Engagierte zurückblicken. Etwa 400.000 Personen prägen derzeit mit dieser Form gelebter und praktizierter Nächstenliebe Kirche und Diakonie entscheidend mit.

Ressource für die Zivilgesellschaft

Die 23,4 Millionen Freiwillig Engagierten gelten als enorme Ressource für die Entwicklung der (Zivil-) Gesellschaft. Ihre Zahl ist in den letzten Jahren nicht gesunken, sondern um zwei Prozentpunkte gestiegen, wobei das Engagement im „Sozialbereich" am deutlichsten hervortritt.

Freiwillig Engagierte schaffen Angebote und unterstützen ihre Mitmenschen. So tragen sie zur Integration in einer Gesellschaft bei. Allerdings ergibt sich hier seit der verstärkten Zuwanderung eine interkulturelle Herausforderung. Zivilgesellschaft wie Kirche und Diakonie werden dem Anspruch sozialer und integrativer Entwicklungen nur gerecht, wenn sie sich für Freiwillige auch anderer Kulturkreise weiter öffnen.

Umbrüche auf dem Arbeitsmarkt prägen vermehrt die Lebensläufe. Die dritte Lebensphase nach der Berufstätigkeit gewinnt an Bedeutung. Freiwilliges Engagement vermittelt hier gesellschaftliche Teilhabe und Sinnstiftung auch bei Nicht-Erwerbstätigkeit.

Die Gesellschaft sucht nach neuen Wegen der Finanzierung von sozialen Leistungen (z.B. durch Stiftungsgründungen wie u.a. die der „Diakoniestiftung").

Eine starke Zivilgesellschaft ersetzt nicht einen sozial engagierten Staat. Im Gegenteil: Ein Rechtsstaat, der das Gemeinwohl schützt und fördert, kann nicht ohne starke sozialstaatliche Regelungen bestehen. Freiwilliges Engagement ist nicht „irgendeine" erbrachte Dienstleistung – nur unbezahlt. Setzt man auf diesen Ansatz, wird er sich als Irrweg erweisen, der die Entwicklung „der Ressource soziale Entwicklung und Zivilgesellschaft" verhindert statt fördert.

Beweggründe für Freiwilliges Engagement

Jeder Mensch sollte die Möglichkeit haben, sich entsprechend seinen Wünschen, Fähigkeiten und individuellen Voraussetzungen zu engagieren und in die Gesellschaft einzubringen sowie sie mitzugestalten. Bei den Überlegungen, wie darin bestimmte Zielgruppen gefördert werden können, ist es wichtig, die unterschiedlichen Motivationslagen von Interessierten je nach Lebenslage (kultureller Hintergrund, Wohnortwechsel, Familienstand) und Lebensphase im Blick zu haben.

Ein Beispiel: Bei jungen Menschen spielt das Sammeln von Erfahrungen in Feldern sozialer Arbeit und die Persönlichkeitsbildung oft eine Rolle. Vielen geht es in der Schulzeit auch darum auszuloten, inwieweit zum Beispiel im Rahmen eines zeitlich befristeten Einsatzes die soziale Arbeit zu einem dauerhaften Engagement oder auch Berufsfeld für sie werden kann. Während Schülerinnen und Schüler oder Studierende sich eher zeitlich begrenzt mit wenigen Stunden pro Woche oder in den Ferien einbringen können, sind für Jugendliche/junge Erwachsene nach der Schule vor allem Vollzeitdienste in Jugendfreiwilligendiensten wie im Freiwilligen Sozialen Jahr attraktiv. Für Jugendliche ohne Ausbildungsplatz und Arbeit kann freiwilliges Engagement zudem eine Möglichkeit sein, eine sinnvolle Tätigkeit auszuüben und die eigenen Perspektiven auf dem Arbeitsmarkt zu verbessern.

Das Menschenbild der christlichen Kultur ist wesentlich vom Gedanken der Freiheit mitgeprägt. Engagement kann dabei zum Ort der Freiheit und Hoffnung werden. Dienst und Dienen sind Worte,

die zumeist mit Begriffen wie Hierarchie, Unfreiheit und Zwang verknüpft werden. Es erfordert ein Umdenken, die Freiheit des Dienens
und des Dienstes zu erkennen – eine Freiheit, die sich in den Dienst
für Gerechtigkeit und Frieden stellt, welche die Hoffnung nicht auf-
gibt und gegen Ausgrenzung und Ungerechtigkeit kämpft. Eine Kultur der Freiheit und des Helfens fordert Selbstverpflichtung, kann
durch den Zwang zum Dienst aber zerstört werden. Freiheit und Bindung, Selbstentfaltung und Verbindlichkeit bedingen einander und
sind zusammen wichtig für gelingendes Leben.

Standards und Rahmenbedingungen

Für den systematischen Aufbau eines „Freiwilligenmanagements"
sind folgende Gesichtspunkte zu beachten: die jeweiligen institu-
tionellen Rahmenbedingungen, Bedarfseinschätzungen zur Gewinnung und Anerkennung von Freiwilligen, Orientierung, Einarbei-
tung, Beteiligung, Bildung, Qualifikation, Begleitung und dementsprechende Aufgabenentwicklung- und Beschreibung.

Diakonische Einrichtungen müssen sich dabei den Motivationen,
Interessen, Erwartungen, Bedürfnissen und Kompetenzen von Freiwilligen stellen und sie aufeinander abstimmen. Dabei müssen die
anderen Mitarbeitenden, besonders auch die Hauptamtlichen und
die Leitungspersonen, in den Prozess einbezogen werden. Und dafür
sind Zeit und Geld bereitzustellen und Fähigkeiten im Umgang mit
Freiwilligen aufzubauen. Es gilt, vor Ort Netzwerke in den Gemeinwesen (→ 2.4) weiterzuentwickeln.

Herausforderungen

1. *Alternde Gesellschaft:* Freiwilliges Engagement wird einerseits
   mehr gebraucht, gleichzeitig steigt die Zahl derer, die sich nach
   der Berufstätigkeit hier engagieren könnten. Mit Modellprojekten
   der Bundesregierung werden Erfahrungen mit „Generationsüber-
   greifenden Freiwilligendiensten" und „Freiwilligendiensten aller
   Generationen" gesammelt.

2. *Hauptamtlich Mitarbeitende – Freiwillig Engagierte:* Ein neues bzw. neu zu klärendes Verständnis des Miteinanders ist zu entwickeln, wo es unklare Unterscheidungen gibt. Der Bedarf an immer wiederkehrender Absprache ist groß. Freiwillige wollen mehr Selbstständigkeit. Wieweit können sie vermehrt an Entscheidungs- und Mitbestimmungsprozessen beteiligt werden?

3. *Zusätzlichkeit:* Allgemeinwohlorientierte Aufgaben leben von dem Zusätzlichen, das Freiwillig Engagierte einbringen. Sie in Regelaufgaben einzubinden mag bei knappem Geld und fehlendem Personal als kurzfristige Lösung erscheinen, bewirkt aber auf Dauer Wegfall bezahlter Arbeitsplätze und Qualitätseinbußen.

4. *Geld für Freiwillig Engagierte?* Engagements geschehen grundsätzlich unentgeltlich. Auslagen (z.B. für Telefon-/Fahrtkosten, Weiterbildungen) können nach Absprache übernommen werden, auch in Form geringer Aufwandsentschädigungen. In geregelten Freiwilligendiensten wird ein Taschengeld bezahlt und werden die Kosten für Unterkunft/Verpflegung übernommen. Für Freiwillige mit geringerem Einkommen haben Aufwandsentschädigungen ein größeres Gewicht, aber sie sind weiterhin nicht der entscheidende Beweggrund, wie nachgewiesen wurde. Aber die Abgrenzungen zur Tätigkeit im neuen Niedriglohnsektor werden schwieriger. „Ein-Euro-Jobs" gelten als bezahlte „Mehraufwendungsentschädigung" bei einer Tätigkeit mit „Gemeinwohl"-Ausrichtung.

5. *Freiwillig – oder doch nicht (so ganz)?* Es gibt einen Zusammenhang von (Jugend-) Arbeitslosigkeit und der Nachfrage nach Engagement- und Freiwilligendienstplätzen. Viele wollen sich berechtigterweise im Rahmen ihres freiwilligen Engagements auch fachlich um- oder weiterqualifizieren, hoffen darauf, direkt oder indirekt durch freiwilliges Engagement einen Arbeitsplatz zu erhalten. Andere wollen Bewerbungschancen verbessern, Zeiten zwischen Schule und Ausbildung überbrücken oder finanziell unabhängig sein.

Rainer Hub

Die gesellschaftlichen Leistungen des freiwilligen Engagements sind weder zu unterschätzen noch zu überschätzen. Zum Gelingen der Zivil- und Bürgergesellschaft können sie einen wesentlichen Beitrag leisten.

Rainer Hub

- *Harald Keiser / Martin Neumann (Hg.):* Ehrenamt & Diakonie. Vom unbezahlten Tun in der professionellen Nächstenliebe, 2007.

- Positionspapier „Freiwilliges Engagement in Kirche und Diakonie" (www.diakonie.de/Diakonie-Texte/Archiv/2006).

- *Ralph Fischer :* Ehrenamtliche Arbeit, Zivilgesellschaft und Kirche. Bedeutung und Nutzen unbezahlten Engagements für Gesellschaft und Staat, 2004.

Herr, wohin sollen wir gehen?" Diese Frage, die Petrus an Jesus richtet (Johannes 6,68), weist in zweierlei Weise auf die Rolle und Aufgabe hin, die Leitung in Kirche und Diakonie wahrzunehmen hat.

Zum einen erwartet der so Fragende Richtung und Perspektive, also die Vorgabe von klaren Zielen und Strategien, damit der gemeinsame Weg gelingen kann. Eigene Ziele werden dem untergeordnet oder gar nicht erst formuliert. Die erwarteten Zielsetzungen sind klar auf das „Ewige Leben" ausgerichtet und daher theologisch bestimmt.

Zum anderen eröffnet derjenige, der so fragt, mit der eindeutigen Unterordnung unter den Antwortenden und seine Antwort eine klare Hierarchie: Erst weil die Mitarbeiter (Jünger) ernsthaft fragen, ist die Leitung (Jesus) in der Lage, Antworten zu geben. Und diese Antworten finden dann auch Gehör und scheitern nicht gleich am Widerstand der Betroffenen. Leitung basiert hier also auf theologisch bestimmten Vorgaben in Zeiten der Unsicherheit und die Gewinnung der fragenden Mitarbeitenden geschieht durch Neues schaffende Ideen und eine überzeugende Persönlichkeit.

Der Petrus- und der Paulustyp von Leitung

Doch dieses ist nicht das einzige Leitungsmodell im Neuen Testament. Denn neben dem unterordnenden Petrus-Typ steht der eher gemeinschaftlich ausgerichtete Paulus-Typ, bei dem zwar grundsätzlich „alles erlaubt ist" (1 Korinther 6,12), aber alles Tun immer am Nutzen für die christliche Gemeinschaft, für das diakonische Unternehmen zu messen ist: „Nicht alles baut auf" (ebd.). Da Paulus diese Gemeinschaft als „Leib Christi" und Zusammenspiel unterschiedlicher Gaben versteht, ist die theologische Kompetenz nicht zwingend an die Gabe der Leitung geknüpft – so wie Paulus ja auch Briefe schreibt und nicht selbst die Gemeinde leitet. Im Alltag führt dieses

Prinzip oft zur Suche nach einem (Minimal-) Konsens, dem möglichst alle zustimmen können. Leitung in diesem Sinne heißt dann, diese Übereinstimmung und den Weg dorthin zu organisieren, nicht vorzugeben. Leitung ist hier Moderation und Motivation von starken, selbstständigen Mitarbeitern. Die Persönlichkeit des Leitenden kann dabei – wie offenbar auch bei Paulus selbst – durchaus hintenanstehen.

So leiten, wie es der Lage angemessen ist

Diese Gegenüberstellung der beiden Leitungstypen vereinfacht natürlich. Aber sie zeigt die Eckpunkte an, zwischen denen sich das Leitungshandeln in der Diakonie bewegen muss. Wie das in der einzelnen diakonischen Einrichtung zum Tragen kommt, ist dann von deren geschichtlicher Entwicklung bis hin zur rechtlichen Verfassung (Satzung usw.) ebenso abhängig wie von der aktuellen wirtschaftlichen, fachlichen oder geistlichen Situation.

In Zeiten wirtschaftlicher Unsicherheit eines diakonischen Unternehmens (z.B. erhöhte Konkurrenzsituation) etwa bis hin zum Erfordernis der Sanierung wird sicher der Petrus-Typ der Leitung dominieren, während in Zeiten langjähriger konstanter Entwicklung oder Absicherung über öffentliche Finanzierung der Paulus-Typ wohl eher zu erwarten ist. Dieser notwendige Wechsel zwischen Leitungstypen setzt allerdings voraus, dass die Leitenden selbst persönlich und durch entsprechend flexible Rechts- und Organisationsstrukturen in der Lage sind, so zu handeln, „wie es dran ist" für ihre diakonische Einrichtung.

Trennung von Aufsicht und ausführender Leitung

Leitung erfolgt auch in diakonischen Unternehmen innerhalb rechtlich fixierter Strukturen und Organisationsmodelle. Diakonie hat sich dazu in ihrer Geschichte immer moderner weltlicher Rechtsformen bedient. Insofern muss alles Leitungshandeln in der Diakonie – neben den oben geschilderten besonderen Erfordernissen – immer und zuallererst auch weltlichen Anforderungen genügen. Dazu gehört auch ein den rechtlichen Rahmenbedingungen genügendes wirtschaftliches Handeln und eine entsprechende Rechnungslegung. Dies sicherzustellen ist Angelegenheit der Gesellschafter bzw. des Aufsichtsgremiums einer diakonischen Einrichtung. Die Gesellschafter- und Aufsichtsgremien der Einrichtung sind dabei in aller Regel ehrenamtlich besetzt, während die ausführende Leitung (Vorstand, Geschäftsführung usw.) normalerweise durch Hauptamtliche wahrgenommen wird.

Im Jahr 2005 verabschiedete das Diakonische Werk der EKD einen „Diakonischen Corporate Governance Kodex", eine Richtlinie für alle selbstständigen diakonischen Einrichtungen mit Regeln für die Leitungsstruktur. Dort wird eine klare Trennung zwischen Aufsicht und ausführender Leitung vorgesehen. Das macht einerseits Vorstände und Geschäftsführungen im Alltag handlungsfähig und sichert andererseits die Einrichtung vor strategischen Fehlentscheidungen ab.

Wie auch bei größeren Industrieunternehmen zeigt sich, dass die qualifizierte Wahrnehmung der Aufsicht eine Aufgabe ist, die zumindest bei sehr großen diakonischen Unternehmen ehrenamtlich kaum noch zu leisten ist. Zusätzlich ist die Haftung für Mitglieder von Aufsichtsgremien verstärkt worden, um deren Verantwortung für das Unternehmen zu betonen. In der Folge ergibt sich immer stärker die Frage nach geeigneten Personen, die bereit sind, diese Verantwortung und Aufgabe im Ehrenamt zu tragen. Mancherorts gehen deshalb auch diakonische Unternehmen dazu über, zumindest den Vorsitz eines Aufsichtsgremiums z.B. einer hauptamtlich in Kirche oder Diakonie beschäftigten Person zu übertragen.

Die Besetzung eines Aufsichtsgremiums sollte nicht nur wirtschaftlich ausgerichtet sein, sondern auch aufgrund der oben geschilderten erforderlichen Flexibilität verschiedene Disziplinen abdecken. Dabei kommt den Vertretern der Kirche im Aufsichtsgremium eine besonders wichtige Rolle zu. Mit ihnen wird die Zugehörigkeit des diakonischen Unternehmens zur Kirche und damit zum kirchlichen Arbeitsrecht sichergestellt. Die normalerweise erforderliche Zugehörigkeit auch der übrigen Mitglieder der Aufsichtsgremien und der obersten

Leitung des diakonischen Unternehmens zur evangelischen Kirche ergänzt dies. Eine weitergehende inhaltliche Einflussnahme kirchenleitender Gremien auf das Handeln diakonischer Unternehmen ist damit allerdings – auch im Gegensatz zur Caritas – nicht gegeben. Es sei denn, eine Landeskirche oder ein Kirchenkreis/Dekanat ist selbst Eigentümer des diakonischen Unternehmens.

Theologische Leitung

Aus den dargestellten Leitungstypen ergibt sich, dass in der Leitung diakonischer Unternehmen neben wirtschaftlichen Aspekten die theologische Reflexion immer eine besondere Rolle spielen muss. Je nach Leitungstyp wird dabei die Rolle der Theologie eher der der strategischen Perspektive (sichergestellt z.B. über den Vorsitz im Vorstand) oder die der seelsorgerlich-lehrenden Beratung sein (sichergestellt z.B. über den Vorsitz im Aufsichtsgremium oder die Mitgliedschaft in der obersten Leitung).

Im Gegensatz dazu ist allerdings zu beobachten, dass gerade in stark von Konkurrenzsituationen geprägten Bereichen (z.B. Krankenhaus oder Altenhilfe) die theologische Qualifikation in der obersten Leitung derzeit eher zurückgedrängt wird. Die Theologie übernimmt stärker die Rolle der Seelsorge und Mitarbeiterbegleitung. Dies ist auch deswegen erstaunlich, weil doch die klare Profilierung diakonisch-theologischer Anliegen in Konkurrenzsituationen viel wichtiger ist als in abgesicherten Verhältnissen.

Für künftige diesbezügliche Entwicklungen lohnt ein Seitenblick auf die Rolle der Ärzte in der Leitung evangelischer Krankenhäusern. In den 80er und 90er Jahren wurden die Ärzte eher aus der Leitung ev. Krankenhäuser hinausgedrängt mit dem Argument der notwendigen stärker kaufmännischen Ausrichtung. Hier ist – auch unterstützt durch eine zunehmende Anzahl von Medizinern, die eine wirtschaftswissenschaftliche Zusatzausbildung haben – in den letzten Jahren verstärkt eine Rückbesinnung auf die medizinische Kompetenz in der Leitung zu beobachten. Gut ausgebildete ärztlich-kaufmännisch qualifizierte Personen werden mit der Leitung eines

Krankenhauses beauftragt, um so das medizinische Profil wieder ins Zentrum zu rücken.

Im Unterschied dazu steht die Rückbesinnung auf das Erfordernis theologischer Kompetenz in der Leitung vielerorts noch aus – vielleicht auch, weil theologisch qualifizierte Ökonomen bzw. ökonomisch qualifizierte Theologen fehlen?

Mit zunehmender Ökonomisierung sozialen und diakonischen Handelns steigt die rechtliche Zergliederung diakonischer Unternehmen in selbstständige Tochtergesellschaften mit eigenen Geschäftsführungen. Positiv wird damit die Aufgabe, Kompetenz und Verantwortung auch nachgeordneter Ebenen klarer bestimmbar. So können u.a. leichter Kooperationen oder gar Fusionen verschiedener diakonischer Unternehmen realisiert werden, damit Kosten gesenkt und/oder Marktauftritte gegen Konkurrenten gestärkt werden.

Negativ steigt durch diese Vielfalt an Einzelgesellschaften allerdings die Notwendigkeit einer gemeinsamen strategischen Ausrichtung, damit das gemeinsame Handeln und diakonische Profil nicht verloren geht in der Vielzahl der Rechtsformen. Hierin wird eine der großen Herausforderungen gerade für die theologisch-kirchliche Rolle der Leitung bestehen, die diakonischen Unternehmen aus der Rolle des ausführenden Organs sozialstaatlicher Versorgung (wieder) in profilierte Organisationen christlicher Nächstenliebe und Fürsorge zu entwickeln: „Herr, wohin sollen wir gehen?"

Matthias Dargel

- Corporate Governance Kodex für die Diakonie, 2005.

Die Helferberufe stehen unter Verdacht. Die Problematik der professionellen Helfer wurde in den letzten Jahrzehnten breit diskutiert. Den Anstoß dazu gab der 1977 erschienene Bestseller von Wolfgang Schmidbauer, „Die hilflosen Helfer". Der darin geprägte Begriff „Helfersyndrom" erlangte hohe Aufmerksamkeit und wurde zum Inbegriff der hier beobachteten Gefahren. Beim Helfersyndrom sind die Fehlentwicklungen im Verhältnis zu sich selbst und zum hilfebedürftigen Gegenüber wie die zwei Seiten einer Medaille. Menschen, die helfende Berufe wählen, sind häufig von hohen selbstlosen Idealen geleitet.

Die Folge ist: Sie sind so sehr auf andere ausgerichtet, dass sie ihre eigenen Bedürfnisse nicht (mehr) wahrnehmen. Ihre zur Grenzenlosigkeit neigende Hilfsbereitschaft kann zu Burnout, Depressionen und psychosomatischen Erkrankungen führen. Die verfehlte Grundeinstellung – liebe deinen Nächsten anstelle von dir selbst – bildet sich schon in der Kindheit heraus, wie die Narzissmusforschung aufgezeigt hat. Gefährdet sind alle, die in ihrer Kindheit nicht um ihrer selbst willen geliebt wurden, sondern die sich die Zuneigung ihrer Bezugspersonen durch Verleugnung ihrer Wünsche und aufopferndes Verhalten „verdienen" mussten. Ihren Selbstwert, mehr noch: ihre Daseinsberechtigung beziehen sie auch als Erwachsene daraus, dass sie anderen helfen.

Dabei droht die Gefahr des Machtmissbrauchs in der Hilfebeziehung. Dieser zeigt sich in (Über-) Fürsorge und Abhängigkeitsverhältnissen, die die Kenntnisse und Fähigkeiten der Hilfsbedürftigen vernachlässigen, anstatt sie zu nutzen und zu aktivieren, ebenso in allen Spielarten der Bevormundung, die den Klienten die eigene Vorstellung von Leben, Sauberkeit usw. überstülpt, anstatt ihr Selbstbestimmungsrecht zu stärken.

Was kann man den spezifischen Gefahren der helfenden Berufe entgegensetzen? Dazu sollen ein paar Ansatzpunkte aufgezeigt werden.

Biblisch-theologische Korrektur der Idealbilder

Gerade weil viele professionellen Helfer unter einem – oft religiös begründeten – überhöhten Ich-Ideal leiden, ist die Frage nach dem biblischen Verständnis von Nächstenliebe von besonderer Bedeutung.

Zeigt der barmherzige Samariter (Lukas 10,25-36), das biblische Musterbild des Helfers, Züge eines Helfersyndroms? In gar keiner Weise. Er ist vom Mitleid motiviert, aber er ertrinkt nicht darin. Er hilft professionell mit dem, was er kann, ohne sich zu überfordern. So leistet er selbst erste Hilfe, nimmt aber zugleich fremde Träger in Anspruch, nämlich den Esel und den Wirt. Er findet genau die Mitte zwischen einer Selbstlosigkeit, mit der er die eigenen Geschäfte schädigen würde, und einer verantwortungslosen Abschiebepraxis. Hier wird das einseitige Idealbild von Nächstenliebe als sich selbst aufopfernder Liebestat korrigiert.

Die Formulierungen der beiden Gebote der Gottes- und der Nächstenliebe (vgl. Vers 27) bestätigen diese Sichtweise: Die Liebe zu Gott wird uneingeschränkt verlangt. Fast litaneiartig werden Herz, Seele und Geist beschworen, sich voll und ganz Gott anzuvertrauen („von ganzem Herzen, von ganzer Seele, von allen Kräften und von ganzem Gemüt").

Das Gebot der Nächstenliebe nennt dagegen einen endlichen Maßstab für die Liebe: „Du sollst deinen Nächsten lieben wie dich selbst." (Matthäus 22,39b) Die Hingabe findet in der Liebe zu sich selbst ihr Maß und ihre Grenze. Beide müssen in einer Balance zueinander stehen.

Die Gefahr des Machtmissbrauchs ist thematisiert durch die zwei Fragen, die die Beispielerzählung vom barmherzigen Samariter einrahmen. Zunächst steht die provokative Frage des Schriftgelehrten im Raum: „Wer ist denn mein Nächster?" (Lukas 10,29). Bei dieser Frage ist der mögliche Helfer das Maß aller Dinge; der Hilfebedürftige wird zum Objekt, das bewertet und gegebenenfalls ausgemustert wird. Unmittelbar im Anschluss an die Erzählung kommt Jesus auf die Eingangsfrage zurück, aber er stellt sie grundlegend anders:

„Wer von diesen dreien, meinst du, ist der Nächste gewesen dem, der unter die Räuber gefallen war?" (Vers 36). So gefragt, wird der Hilfebedürftige zum Subjekt, zum Ausgangs- und Zielpunkt aller Überlegungen und Aktionen. Nächstenliebe und Hilfe werden von Jesus als Suchbewegung verstanden: Wie kann ich dem anderen zum Nächsten werden? Denn Nächster ist man nicht einfach, Nächster wird man. Das führt die Helfer weg von der Haltung: „Wir wissen, was der andere braucht." An die Stelle dessen tritt der Austausch mit dem, der den Hilfeauftrag erst erteilt, mit dem Hilfebedürftigen: „Was willst du, dass ich dir tun soll?" (Markus 10,51).

Diese Frage Jesu fordert diakonische Unternehmen heraus, lernende Organisationen zu sein und die eigenen Strukturen und Hilfeformen daraufhin zu überprüfen, wo sie Betreute in problematischer Abhängigkeit halten, statt ihr Selbstbestimmungsrecht und ihre Eigeninitiative zu stärken.

Unterscheidung von Rollenwelten

Ein wirksamer Ansatz, sich im Helferberuf nicht in eine Dauerüberforderung hineinzubegeben, ist die Unterscheidung und Klärung von Lebenswelten und den dazugehörigen Rollen. Drei zentrale Rollenwelten lassen sich in diesem Zusammenhang unterscheiden:

1. Profession: Hier denken, fühlen und handeln wir als Fachmann/ Fachfrau (Sozialarbeiter, Pflegekraft, Therapeutin, Theologe ...).
2. Organisation: Hier denken, fühlen und handeln wir in unserer Organisationsfunktion (Vorstand, Wohnbereichsleiterin, Aufsichtsrat, Assistentin ...).
3. Privatbereich: Hier denken und fühlen und handeln wir als Privatmensch (Geliebter, Ehefrau, Sohn, Freundin, Nachbar ...); dabei sind übernommene Modelle von Familie, Partnerschaft, Geschlechtsidentität wichtig und leitend.

Die einzelnen Rollen zu unterscheiden und ihre jeweiligen Anforderungen, Logiken und Strategien kompetent wahrzunehmen, kann zu einer *work-life-balance*, einer geklärten Zuordnung von Arbeitsleben und Privatleben wesentlich beitragen. Rollenvermischungen dagegen kosten unnütze Kraft. Versucht z. B. ein Abteilungsleiter, einen Organisationskonflikt durch „Brüderlichkeit" und moralische Appelle aufzulösen, wird er scheitern. Denn sein Fehler ist, Probleme der einen Rollenwelt mit Strategien der anderen Rollenwelt lösen zu wollen.

Die Bedeutung von Ritualen im diakonischen Alltag

Rituale im Alltag helfender Berufe bieten einen wirksamen Schutz gegen das Helfersyndrom. Denn die Pflege von Ritualen steht in engem Zusammenhang mit dem Bewusstsein, dem Akzeptieren und aktiven Gestalten von notwendigen Grenzen. Rituale ordnen Raum und Zeit, markieren Grenzen und Rollenwechsel, gestalten Übergänge und bieten Haltepunkte in unserem beschleunigten Lebenstempo.

Beispiele: Die Kaffeepause grenzt die Anwesenheit der Pflegekräfte für die Bewohner/innen ab und schafft einen Freiraum für Gefühle und Äußerungen unter Kolleginnen. Oder das kleine Ritual nach getaner Arbeit gestaltet die Grenze zwischen Beruf und Privatbereich und hilft, beide Bereiche voneinander abzurücken. Schließlich: Andacht, Singen, Gebet in einer diakonischen Einrichtung laden ein, von der Arbeit wie von sich selbst Abstand zu nehmen; Arbeit wie Privates erweisen sich vor Gott als menschlich begrenzt.

Gesundheitsmanagement in diakonischen Unternehmen

Unter dem Motto „Gesunde Mitarbeiter sorgen für ,gesunde' Unternehmen" haben in den letzten Jahren zahlreiche Unternehmen Maßnahmen zur Gesundheitsförderung ihrer Beschäftigten entwickelt – vom betrieblich erlaubten Mittagsschlaf bis zum Mitarbeitersport. Diakonische Einrichtungen können sich davon durchaus anregen lassen. Sie sollten aber bei der Entwicklung eigener Konzepte von einem Menschenbild ausgehen, das der Einheit von Leib, Seele und Geist Rechnung trägt und die spirituellen Bedürfnisse von Mitarbeitenden mit einbezieht, sowie den Schatz der besonderen Traditionen und Möglichkeiten der Diakonie nutzen! So haben wir z.B. in den diakonischen Gemeinschaften kollegiale Netzwerke, die wesentlich zum Schutz gegen Überlastung beitragen können.

Gottfried Claß

* *Michael Klessmann / Kerstin Lammer (Hg.):* Das Kreuz mit dem Beruf. Supervision in Kirche und Diakonie, 2007.

* *Anselm Grün:* Leben und Beruf. Eine spirituelle Herausforderung, [2]2005.

5. Wie organisiert sich Diakonie?

Welche Formen der Organisation sind für die Diakonie typisch? Was sind die jeweiligen Stärken und Schwächen?

Die „diakonische Gemeinde" (5.1) zeigt besonders deutlich, dass Diakonie Kirche ist. Sie ist stark in der alltagsnahen und ganzheitlichen Diakonie. Andererseits kann sie nicht die ganze fachliche Spezialisierung bieten, die heute hilfreich ist. Das „diakonische Werk" (5.2) ist ein Verband. Das heißt: Es bündelt die Aktivitäten und Interessen oft unterschiedlicher eigenständiger Diakonieorganisationen. Das diakonische Werk wendet sich auch an die Gesellschaft als sozialpolitisches Sprachrohr derer, die Hilfe brauchen. Aber die führende Stellung der Verbände im Sozialbereich wird zunehmend von politischer Seite beschränkt. Aus der diakonischen Anstalt hat sich in jüngster Zeit immer deutlicher der Typ „diakonisches Unternehmen" (5.3) entwickelt. Hier handelt Diakonie auf dem Sozialmarkt unter Nutzung der Mittel der Betriebswirtschaft. Doch was passiert, wenn in vielem die Diakonie von anderen Betrieben nicht mehr unterscheidbar ist?

E.H.

Diakonische Gemeinde

Diakonisches Werk

Diakonisches Unternehmen

Piet Mondrian (1872–1944): *Broadway Boogie-Woogie*, 1942-43; Öl auf Leinwand, 127 × 127 cm; Metropolitan Museum of Modern Art, New York.

Der holländische Maler Piet Mondrian beschritt mit seiner Malerei den Weg hin zur vollständigen Abstraktion. Es ging ihm aber nicht nur um die Möglichkeiten abstrakten Gestaltens; er vertrat den visionären Anspruch, mit einer auf Harmonie ausgerichteten Kunst auch den Menschen wieder zur Harmonie führen zu können.

Mondrian reduziert seine Malerei auf die Arbeit mit den Grundelementen der Gestaltung: Fläche, Form, Linie und Farbe. Nur in nüchternen Formen finden sich nach Mondrian größte Harmonie, Ausgewogenheit und Ruhe. In immer neuen Kompositionen stellt er in seinen bekanntesten Werken Vierecke in Weiß und den Grundfarben zusammen, umrahmt von schwarzen Linien, die rechtwinklig aufeinander treffen.

Mondrians letzte Bilder zeigen noch einmal einen neuen Ansatz: die rhythmische Gliederung bestimmt den Eindruck des „Broadway Boogie-Woogie"; blaue, rote und cremefarbene Quadrate unterbrechen in ungleichmäßigen Abständen gelbe Linien, die sich in rechten Winkeln kreuzen und durch unterschiedliche Abstände die Gesamtfläche gliedern, über die sie zugleich durch die rahmenlose Gesamtkonstruktion hinausweisen. Zwischen diesen Linien und sie zum Teil überlagernd sind unterschiedlich große viereckige Flächen verteilt. Indem einige Bildbereiche eher gefüllt, andere freier, leerer wirken, entsteht ein spannungsvoller Kontrast.

So bestimmt der Eindruck bewegter Ordnung und fröhlicher Farbigkeit dieses Bild, über dessen Titel die Assoziation mit einem Straßennetz geweckt wird.

Kerstin Clasen

Die Gemeinde Christi ist die Gemeinschaft der gerechtfertigten Sünder und bezeugt durch ihr Handeln und ihre Organisationsform das Wirken Gottes. Der gemeinsame Glaube, dass jeder Mensch von Gott angenommen ist, hat seelsorgerliche und soziale Folgen. In der diakonischen Gemeinde wird ernst genommen, dass die Gemeinde als Leib Christi auch eine Sozialgestalt hat. Nächstenliebe wird praktiziert und organisiert.

Kultur der Anteilnahme

Christus, der sich im Abendmahl hingibt, beschenkt die Gemeinde mit einem Reichtum. Den gibt sie in einer Kultur der Anteilnahme weiter. Das Leben der Gemeinde ist davon betroffen, was ihre Mitglieder und die Menschen in ihrer Umgebung beschäftigt, woraus sie leben und was sie belastet. Sie übt darum ein, achtsam zu sein für die gemeinsame Lebensqualität. Auf diese Weise verbinden sich Verkündigung und soziales Handeln. Diakonie ist dabei nicht eine Folge der Verkündigung des Evangeliums, sondern Teil davon. Die Gemeinde hat eine diakonische Dimension.

Wenn man Ziele und Handlungskonzepte formuliert, gilt es Formen zu finden, die Menschen beteiligen und nicht überfordern. Dabei reicht die Spanne von der Geldspende distanzierter Mitglieder über das Kontaktnetz einer Gemeinde bis zur gemeinsamen Arbeit an einem Projekt. Sozialformen werden eingeübt, die Ausdruck einer Kultur des Helfens (→ 2.1) sind und gängigen sozialen Ausgrenzungen entgegenwirken.

Öffnung

Bei einer Gemeinde, die nah bei den Menschen ist, wird die Grenze zwischen innen und außen einladend geöffnet. Lokale, regionale und globale Bezüge ergänzen sich. „Brot für die Welt" und

Ingolf Hübner   151

ökumenische Partnerschaften gehören wie örtliche Initiativen und Hilfen zu dieser diakonischen Dimension. Eine Gemeinde, die sich diakonisch versteht, öffnet ihre Räume der Begegnung und teilt sie mit Menschen in Notlagen. Religiöse und soziale Fragen werden miteinander verbunden und das erweitert die Perspektive des Evangeliums. Aus der Frage, was Menschen an Raum, Gemeinschaft und Beistand brauchen, entwickelt sich ein diakonisches Engagement mit je eigenen Ausprägungen: Kirchencafés, in denen auch soziale Beratung angeboten wird, Kindertagesstätten, die sich zu Nachbarschaftszentren entwickeln, oder Jugendclubs, in denen Ausgabestellen für Lebensmittel für Bedürftige organisiert werden. Es geht konkret um gemeinwesenorientierte Initiativen und Projekte (→ 2.4), die mit anderen Institutionen im Stadtteil zusammenarbeiten und sich an den Interessen der Bewohner orientieren.

Der gemeinsame Raum des Glaubens und Lebens wird größer und anschlussfähiger. Das Bewusstsein für einen begleitenden Gott wird so gestärkt. Was christliche Gemeinschaft bedeutet, erhält in der diakonischen Gemeinde eine konkrete Form. Man denkt darüber nach, sich zu öffnen und anschlussfähig zu werden und wird einladend. Die professionalisierten Hilfeleistungen sozialer und diakonischer Einrichtungen werden um Wesentliches ergänzt: Gemeinde beheimatet und integriert Hilfebedürftige. Es werden Arbeitsformen entwickelt und mit anderen Aktivitäten der Gemeinde verbunden, um auf Hilfesuchende und Einsame zuzugehen: z.B. drücken Besuchsdienste dabei auch Verbundenheit, Wertschätzung und Anteilnahme gegenüber Menschen aus.

Beteiligung vor Ort

Soziale Probleme haben einen räumlichen Bezug. Armut ist oft stadtteilgebunden. Obdachlose wählen Ortszentren als Anlaufstellen. Begrenzte Bildungschancen oder nicht gelungene Integration von Menschen mit Migrationshintergrund konzentrieren sich in bestimmten Ortsteilen. Als lokale Organisation hat hier die Gemeinde eine besondere Verantwortung. Diese Verantwortung zu erkennen und anzunehmen ist ein Lernprozess (→ 1.5). Dieser beginnt nicht gleich mit spezialisierter Hilfe oder Therapie, sondern schlicht damit, Menschen, die da sind, wahrzunehmen in Solidarität. Diakonie ist als Lernprozess der Gemeinde zu verstehen. Zur diakonischen Gemeinde gehört deshalb eine verstärkte Bearbeitung sozialethischer Themen. Beispielsweise können Diakoniepraktika Bestandteil gemeindlicher Bildungsarbeit wie des Konfirmandenunterrichts sein. Die Arbeit von Eine-Welt-Gruppen kann die soziale Wahrnehmung und Reflexion schärfen. Soziale Missstände können ein öffentliches oder politisches Engagement der Gemeinde herausfordern.

Nimmt die Gemeinde soziale Herausforderungen gläubig und hoffend wahr, so entsteht eine soziale Fantasie, die Menschen verändert und mobilisiert. Eine diakonische Gemeinde steht vor der Aufgabe, dass sie bei der Organisation wirksamer und professioneller Hilfe zugleich Mitglieder und Betroffene beteiligt. Die nötige Professionalisierung sozialer Arbeit darf nicht dazu führen, dass soziale Problemfälle von der Gemeinde weg an Institutionen verschoben werden und die geschwisterliche Nähe darf nicht dem Vorschub leisten, dass man sich sozial abgrenzt. Die „Option für die Armen" entfaltet ihre Stärke, wenn der „Kompetenz der Betroffenen", ihren Fähigkeiten und Sichtweisen, Raum gegeben wird. Das führt zu einer breiten Einbeziehung freiwillig Engagierter (→ 4.3). Eine diakonische Gemeinde, die auf gemeinsamen Erfahrungen und Wissen aufbaut, wird auf diese Weise eine „Kirche mit anderen". Sie beherbergt Selbsthilfegruppen und Basisinitiativen.

Gemeinsamer geistlicher Raum von Diakonie und Kirche

Einer diakonischen Gemeinde ist bewusst, dass diakonische Dienste und Einrichtungen Teil der Kirche sind. An vielen Stellen ist die gemeindliche Diakonie darauf angewiesen, mit spezialisierten diakonischen Angeboten zusammen ein Netz zu bilden. Die Zusammenarbeit mit anderen diakonischen Institutionen ist notwendig, damit gemeindliches diakonisches Engagement nicht überlastet wird. Bestimmte Hilfeleistungen müssen von entsprechenden

Ingolf Hübner

fachlichen Leistungsanbietern erbracht werden. Doch eine Schwäche derartiger diakonischer Dienste und Einrichtungen besteht bei dem Bezug auf die Situationen vor Ort. Hier sind sie auf die diakonische Gemeinde angewiesen. Wenn diakonische Unternehmen offene Angebotsformen entwickeln, gehört die gemeindliche Verankerung dazu. Bei quartiersbezogener Begleitung älterer Menschen oder bei einer Dezentralisierung der Arbeit mit Menschen mit Behinderungen sind gemeindliche Kontexte wichtig. Und umgekehrt: Wenn eine Gemeinde durch eine Tafelarbeit sozial Schwache mit Lebensmitteln oder Sachspenden unterstützt, wird die Hilfe effektiver, wenn sie mit Beratungsstellen, Erziehungshilfen oder anderen diakonischen Diensten verbunden ist.

Aus inhaltlicher Nähe geht es bei dem Miteinander von Gemeinden und diakonischen Institutionen nicht nur um organisatorische Zusammenarbeit zur gegenseitigen Ergänzung von Kirche und Diakonie (→ 1. 4). Der gemeinsame geistliche Raum ist wahrzunehmen. Mit der Diakonie gibt die Gemeinde ihrer Verkündigung von der Liebe Gottes zu den Menschen und der Nächstenliebe eine glaubwürdige und erfahrbare Gestalt. Zur Diakonie gehört die Gemeinde, in der die Sinnmitte ihres Handelns und die Botschaft von der Liebe Gottes verkündigt werden. Soziales und religiöses Leben, handfestes praktisches Handeln und Handeln durch Zeichen, Symbole und Rituale ergänzen sich in einer diakonischen Gemeinde.

Ingolf Hübner

- *Paul-Hermann Zellfelder-Held:* Solidarische Gemeinde. Ein Praxisbuch für diakonische Gemeindeentwicklung, 2002.

- *Ulrich Bach:* Die diakonische Kirche als Freiraum für uns alle, in: *ders.:* Boden unter den Füßen hat keiner, 1986 (193-218).

Viele Einrichtungen der Diakonie heißen „Diakonisches Werk". Sie finden sich auf der Ebene von Städten oder (Kirchen-) Kreisen ebenso wie auf Landesebene und Bundesebene. In der Regel haben sie die Form eines Vereins mit Mitgliedern, in einigen Landeskirchen sind sie aber auch in Trägerschaft eines Kirchenkreises organisiert.

Auf Orts- und regionaler Ebene sind diakonische Werke meist ihrerseits Träger mehrerer diakonischer Dienste, von unterschiedlichen Beratungsangeboten bis hin zu kleineren Einrichtungen, von der Werkstatt für berufliche Weiterqualifizierung bis hin zur Diakonie-Sozialstation. Auf Landes- und Bundesebene hat ein Diakonisches Werk vor allem die Aufgabe, die diakonische Arbeit vor Ort durch Information und fachliche Hilfestellung zu begleiten und ebenso die diakonischen Interessen gegenüber der Sozialpolitik auf Landes- und Bundesebene zu vertreten.

Wicherns Idee und was aus ihr wurde

Die diakonischen Werke und das Diakonische Werk der EKD haben ihre Wurzeln im „Central-Ausschuß für die Innere Mission". Johann Hinrich Wichern (→ 1.3), der berühmte Gründer des Rauhen Hauses in Hamburg, hat diesen Ausschuss 1848 während des Wittenberger Kirchentages gefordert, 1849 konnte er gegründet werden. Dieser Ausschuss sollte die vielen sozialdiakonischen Aktivitäten, die bis zur Mitte des 19. Jahrhunderts entstanden waren, vernetzen und fördern, „indem er ihnen Rat und Hilfe gewährt" – so Wichern.

Bereits Wichern dachte nicht nur an eine deutschlandweite (und auch europäische) Vernetzung diakonischer Tätigkeiten. Vernetzung und Zusammenarbeit sollte auch regional erfolgen nach dem Grundsatz: im Großen wie im Kleinen. Auf Vereinsbasis wurden solche Netzwerke ebenfalls ins Leben gerufen, genannt „Zentralorgan der Stadtmission" oder als „Provinzialverein" für Innere Mission. Die mit der bürgerlichen Revolution 1848 gewährte Freiheit zur Vereinsgründung beförderte diese Entwicklung. Diese Organisationsstruktur sollte dazu dienen, diakonische Arbeit untereinander und in Beziehung sowohl auf Kirche und Staat wie auch auf andere Konfessionen gut miteinander abzustimmen. Die Organisation diakonischer Werke in freien Vereinen sorgte immer für eine gewisse Selbstständigkeit der Diakonie im Gegenüber zur verfassten Kirche.

Diese Selbstständigkeit (um nicht zu sagen: Distanz) verstärkte sich durch die unterschiedlichen Organisationslogiken in Kirche und Diakonie in der Folgezeit. So kam es, dass nach dem Zweiten Weltkrieg angesichts der Frage nach den Lehren, die aus den Erfahrungen mit der nationalsozialistischen Diktatur zu ziehen seien, die Kirchen 1945 ein eigenes „Hilfswerk der EKD" gründeten.

Maßgeblicher Initiator war hier Eugen Gerstenmaier (1906–1986, Pfarrer, Mitglied der NS-Widerstandsgruppe „Kreisauer Kreis", später langjähriger CDU-Bundestagspräsident). Die Aufgabe des Hilfswerkes war, „dem kirchlichen Wiederaufbau sowie der Linderung und Behebung der Notstände der Zeit" zu dienen. Das Hilfswerk war ganz bewusst ein Werk der Kirchen. Nachdem auch der „Central-Ausschuß für die Innere Mission" die Arbeit wieder aufnahm, gab es nun zwei diakonische Säulen im evangelischen Bereich. Es begann schließlich ein langwieriger und mühsamer Fusionsprozess, der 1957 zur Zusammenführung beider Säulen unter dem Namen „Innere Mission und Hilfswerk der Evangelischen Kirche Deutschland" führte, aber erst 1976 abgeschlossen werden konnte.

Seit 1976 heißt die Gesamtinstitution „Diakonisches Werk der Evangelischen Kirche in Deutschland".

Mitglieder im Diakonischen Werk der EKD sind neben der EKD und den 23 diakonischen Werken der einzelnen Landeskirchen über 80 Fachverbände, in denen sich diakonisches Arbeiten nach Fachgebieten vernetzt hat – etwa im Bereich der Behindertenhilfe (BeB), der Altenpflege (DEVAP), der evangelischen Krankenhäuser usw. Dem Diakonischen Werk der EKD gehören als Vereinsmitglieder auch die Freikirchen aus dem evangelischen Bereich und die Altkatholische Kirche an (→ 2.5). Deshalb führt der Name „Diakonisches Werk der

Evangelischen Kirche in Deutschland" immer wieder auch zu Diskussionen. Das Diakonische Werk der EKD hat seinen Sitz in Berlin und (noch) in Stuttgart.

Aufgaben des Diakonischen Werks der EKD

Das Diakonische Werk der EKD ist ein Wohlfahrtsverband. Mit den anderen Wohlfahrtsverbänden, die sich in der „Bundesarbeitsgemeinschaft der Freien Wohlfahrtspflege" (BAGFW) – Deutscher Caritasverband, Deutsches Rotes Kreuz, Arbeiterwohlfahrt, Zentralwohlfahrtsstelle der Juden in Deutschland, Der Paritätische Gesamtverband – verbunden haben, ist es Teil des Sozialsystems und gestaltet in „kritischer Partnerschaft" den Sozialstaat (→ 2.2) mit.

Im Leitbild, das das Diakonische Werk der EKD 1997 verabschiedete, heißt es dementsprechend: „Deshalb erheben wir unsere Stimme für diejenigen, die nicht gehört werden. Gemeinsam mit anderen treten wir für eine menschenwürdige Gesetzgebung, chancengerechte Gesellschaft und eine konsequente Orientierung am Gemeinwohl ein."

Das Diakonische Werk begleitet und kommentiert Gesetzesverfahren, es macht in der Öffentlichkeit und in der Politik auf gesellschaftliche Problemlagen aufmerksam. Das Diakonische Werk der EKD ist Lobby für die, die keine Lobby haben. Wichtige fachliche Bereiche sind hier das Gesundheitswesen, die Eingliederungshilfe und Pflege, Suchtkrankenhilfe, Straffälligenhilfe, Telefonseelsorge, Arbeitslosenhilfe, Entwicklung von Armut und Reichtum, Integration von Migrantinnnen und Migranten, Hilfe für Familien usw.

Ein weiterer wesentlicher Arbeitsbereich des Diakonischen Werkes der EKD ist die „Ökumenische Diakonie" (→ 3.9). So gehören die Diakonie-Katastrophenhilfe und das Spendenwerk „Brot für die Welt" zum Diakonischen Werk der EKD.

Schließlich ist die Volksmission eine der in der Satzung des Diakonischen Werkes verankerten Aufgaben (§ 1 der Satzung des DW EKD). In der zum Diakonischen Werk gehörenden „Arbeitsgemeinschaft Missionarische Dienste" (AMD) sind viele volksmissionarische

Initiativen organisiert. Auch hier reichen die Wurzeln zu Johann Hinrich Wichern. Sein vielleicht bekanntester Satz ist der folgende aus seiner Rede von 1848 über die Diakonie: „Die Liebe gehört mir wie der Glaube".

Walter Merz

- *Günter Ruddat / Gerhard K. Schäfer (Hg.):* Diakonisches Kompendium, 2005.

- *Kirchenamt der EKD (Hg.):* Herz und Mund und Tat und Leben. Grundlagen, Aufgaben und Zukunftperspektiven der Diakonie. Eine evangelische Denkschrift, 1998.

- *Johann Hinrich Wichern:* Rede auf dem Wittenberger Kirchentag [1848], in: Sämtliche Werke 1, 1962, 155-165.

Auf die Geschichte der Diakonie bezogen hat sich das Unternehmen als Begriff und Organisationsform erst in den vergangenen zwei Jahrzehnten durchgesetzt. Als ein besonderer Meilenstein kann dabei Alfred Jägers Programmschrift „Diakonie als christliches Unternehmen" angesehen werden. Sie führte 1986, basierend auf vielen Beratungsprozessen in der Diakonie, nicht nur den Unternehmensbegriff in die konfessionell gebundene Sozialwirtschaft ein, sondern erklärte die unternehmerische Selbstorganisation der Dienstleistungen zur Überlebensfrage der Diakonie.

Verbunden war dies mit der Absage vom Führungsmodell der patriarchalen Leitung einer „Anstalt" für fürsorgebedürftige Unmündige.

Ein (relativ) neuer Begriff

Im Hintergrund dieses neuen Selbstverständnisses einer „Unternehmensdiakonie", die immer selbstbewusster wurde gegenüber der Verbandsdiakonie und der Gemeindediakonie, standen vielfältige Entwicklungslinien. Einerseits hatte es zweifelsohne in der Geschichte der Diakonie immer wieder hervorragende unternehmerische Persönlichkeiten gegeben (z.B. August Hermann Francke mit einer frühen Form des Arzneimittelversandes), die schon früh belastbare Geschäftsideen entwickelten oder sogar (wie Gustav Werner [1809–1887]) eigene Produktionsstätten aufbauten.

War so in der Diakonie „Unternehmergeist" nie ein Fremdwort, so wuchs andererseits – vor allem in der Nachkriegszeit – die Diakonie in so beträchtlichem Umfang, dass sich die Frage nach der Organisationsform in neuer Schärfe stellte.

Inzwischen ist das Selbstkostendeckungsprinzip (Erstattung der entstandenen Kosten durch Kassen oder Staat) zu Ende gegangen. Spätestens damit konnte sich gutes Wirtschaften nicht mehr auf die sparsame Mittelverwaltung eines Hauswirtschaftsleiters begrenzen, sondern musste die Arbeit der Diakonie insgesamt durchdringen einschließlich vieler nun nötiger Strategie-Entscheidungen.

Diakonisches Unternehmen im Kontext der Ökonomisierung des Sozialen

Seit den 1980er Jahren ist ein vielschichtiger Prozess zu beobachten. Er ist als Ökonomisierung des Sozialen bezeichnet worden, von den einen begrüßt als notwendige Modernisierung sozialwirtschaftlicher Organisationen, von anderen als Verlust an Fachlichkeit, inhaltlichem Profil und sozialrechtlichen Standards kritisiert. Anzeichen für die zentrale Rolle ökonomischer Gesichtspunkte war, dass Management-Begrifflichkeit (z.B. „Kunde", „Produkte", „Dienstleistung" usw.) auch in der Diakonie gängig wurde. Tiefgreifender war der nahezu flächendeckende Einzug betriebswirtschaftlicher Steuerungsinstrumente (z.B. Leitbild, Personalentwicklung, Kennzahlen). Deutlich sichtbar waren auch die organisationalen Strukturveränderungen: Bei Vorständen und Geschäftsführungen wurde die untergeordnete Stellung von Verwaltungsleiter/-innen ersetzt durch Betriebswirte/-innen in gleichberechtigter Vorstands- oder Geschäftsführerfunktion. Controllingabteilungen nahmen die Arbeit auf. Aufsichts- und Geschäftsführungsaufgaben wurden organisatorisch getrennt, wie es schließlich im *Corporate Governance Kodex* der Diakonie auch festgeschrieben ist (→ 4.4).

Diakonische Unternehmen als Non-Profit-Organisationen

In der überwiegenden Mehrzahl diakonischer Unternehmen gleichen die Abläufe und Strukturen weitgehend denen anderer erwerbswirtschaftlicher Betriebe. Zugleich sind aber auch wesentliche Unterschiede festzuhalten. Sie betreffen einerseits die besondere Geschichte diakonischer Unternehmen (→ 1.3) mit ihrem spezifisch christlich-diakonischen Auftrag und ihrer besonderen kulturellen Prägung (→ 2.1), andererseits vor allem den Unternehmenszweck. Vom eigenen Selbstverständnis her grenzen sich diakonische

Unternehmen hier von Unternehmen ab, deren Ziel die (möglichst hohe) Gewinnerzielung zur freien Verwendung durch die jeweiligen Kapitaleigentümer ist. Sie sind in diesem Sinne „Non-Profit-Unternehmen" oder auch „Not-for-Profit-Unternehmen". Vor allem seit den 1990er Jahren hat die Zuordnung diakonischer Unternehmen zu den sogenannten „Non-Profit-Organisationen" (NPOs) oder auch dem „dritten Sektor" (neben Erwerbswirtschaft und Staatstätigkeit) sich immer stärker durchgesetzt. Eine mit Zeitversetzungen international einsetzende Dritte-Sektor-Forschung hat wichtige Erkenntnisse zu Eigenart, Berechtigung und Erfolg gemeinwohlorientierten Wirtschaftens beigesteuert.

Doch ist aus der Sicht der diakonischen Unternehmen geltend zu machen: Der NPO-Begriff verdeckt, dass die Erzielung von „Gewinnen" (die freilich nicht an Eigentümer oder Aktionäre ausgeschüttet werden) durchaus auch für diakonische Unternehmen wirtschaftlich nötig ist, denn Überschüsse liefern die Basis, um in neue Projekte und Bauten investieren zu können. Mit der bloßen Aussage darüber, was diakonische Unternehmen nicht sind, ist das Besondere der Diakonie unbenannt.

Noch ist aber kein zutreffender eigener Begriff gefunden worden. Entlehnungen aus dem Steuerrecht wie „gemeinnütziges Unternehmen" schränken wieder nur ein. Begriffe wie „gemeinwohlorientierte Unternehmen" sind, wenn auch breiter angelegt, kaum in der Öffentlichkeit vermittelbar. Auch ein Begriff wie „Social-Profit-Unternehmen", der in der besonderen Zweckangabe vielleicht noch den größten erklärenden Wert hat, konnte sich bisher in der Fläche nicht durchsetzen.

Interessanterweise spiegelt die Geschichte des Unternehmensbegriffes in der Diakonie deshalb bis heute, was schon Johannes Degen 1994 gegenüber Alfred Jäger eingewandt hat, nämlich dass das Unternehmensverständnis auch bei den Verfechtern des Begriffes nicht geklärt ist. Inzwischen werden auch aus dem Fachdiskurs der Managementlehre Anfragen laut, ob denn der Organisationsbegriff nicht breiter und angemessener ist als der Unternehmensbegriff.

Hanns-Stephan Haas

Der Gestaltwandel

Das ständige Ringen um Effizienz (möglichst gutes Ausnutzen der Ressourcen, die man hat) und Effektivität (möglichst wirksames Handeln) unter Berücksichtigung aller Instrumente der Betriebswirtschaftslehre ist längst zum Diakoniealltag geworden. Diakonische Unternehmen stehen heute weitgehend außerhalb des Verdachtes, Gelder der öffentlichen Hand zu verschwenden, und erhöhen so gerade als Unternehmen die Glaubwürdigkeit der Diakonie. Als weitere positive Entwicklungen können genannt werden:

1. Die diakonische Unternehmenslandschaft stellt sich zwischenzeitlich in einer Vielzahl von Rechtsformen dar, um gewachsenen Strukturen, Unternehmenszweck, veränderten Rahmenbedingungen und Organisationsgrößen Rechnung zu tragen. Neben die gängigen Rechtsformen von Verein, Genossenschaft und Stiftung sind längst auch die GmbH und nun in einigen Fällen auch Aktiengesellschaften getreten. In den großen Komplexeinrichtungen stehen, häufig unter dem Dach einer Holding, mehrere Rechtsformen nebeneinander und bieten so neue Möglichkeiten der Steuerung.

2. Eine Diskurskultur hat sich durchgesetzt, in der sich diakonisch-theologische, ökonomische und fachliche Kompetenz auf gute Weise und ohne Unterordnung gegenseitig durchdringen und befruchten. Gelegentliche Befürchtungen, dass die inhaltlichen Ansprüche den ökonomischen Zwängen geopfert werden könnten, haben sich so nicht bewahrheitet. Vielmehr bietet gutes Management die Voraussetzung dafür, dass die Mittel für die fachliche Qualitäts- und diakonische Profilentwicklung vorhanden sind und erhalten bleiben.

3. Es hat sich eine Anschlussfähigkeit an den Management-Fachdiskurs ergeben mit fruchtbaren Auseinandersetzungen auf Hochschul- wie auf Praktikerniveau zwischen Profit-Unternehmen und

Social-Profit-Organisationen. Der Wettbewerb um die für den Bereich der Diakonie besten und geeigneten Vergleichsmodelle führt zu immer neuen Einsichten und Partnerschaften. Bereits in Tradition wird dieser diakoniebezogene Managementdiskurs mit der Universität St. Gallen geführt.

4. Die unternehmerische Diakonie versteht sich längst auch schon als eigene Bewegung, die bereits zu eigenen Zusammenschlüssen (z.B. Verband der diakonischen Dienstgeber, Top Ten, Brüsseler Kreis) geführt hat. An die Stelle der Konkurrenz zu den klassischen Verbandsstrukturen ist hier bereits das Verständnis einer kritischen Partnerschaft getreten. Dass dies bis zu fortschrittlichen Initiativen gehen kann, zeigt beispielhaft der Bildungsbereich mit der Gründung der „Führungsakademie für Kirche und Diakonie" (FAKD), in der bereits die strategische Zusammenarbeit zwischen Kirche und Diakonie als weitere Entwicklungschance aufgegriffen wurde.

Angesichts dieser Entwicklungen kann das diakonische Unternehmen als Erfolgsmodell angesehen werden. Krasse Abgrenzungen oder Überlegenheitsansprüche gegenüber anderen Gestaltungsformen der Diakonie machen es allerdings nicht glaubhafter.

Hanns-Stephan Haas

- *Hanns-Stephan Haas / Udo Krolzig (Hg):* Diakonie unternehmen, 2007.

- *Hanns-Stephan Haas:* Theologie und Ökumene. Ein Beitrag zu einem diakonierelevanten Diskurs, 2006.

- *Alfred Jäger:* Diakonie als christliches Unternehmen, (1986) [4]1992.

6. Welche Zukunft hat die Diakonie?

Wie kann die Diakonie geistlich wachsen? Wie kann sie zum unübersehbaren Zeichen in der Gesellschaft werden? Wie stellt sie sich auf das europäische Zusammenwachsen ein?

Die Fragestellungen der Frömmigkeit haben sich weder erledigt noch können sie allein der diakonischen Gemeinde oder den Traditionsämtern der Diakonie zugeschoben werden. „Diakonische Spiritualität" (6.1) ist eine Aufgabe für die gesamte diakonische Einrichtung in allen ihren Tätigkeiten.

Diakonische Spiritualität

Die Diakonie befindet sich im Prozess des Zusammenfindens zu einer „Marke Diakonie" (6.2) – bei aller angebrachten Vielfalt und Selbstbestimmung der einzelnen diakonischen Träger.

Marke Diakonie

Die „Diakonie in Europa" (6.3) hat mit Entwicklungen im Prozess des europäischen Zusammenwachsens zu tun, die für sie gefährlich wie vielversprechend sind. Vor allem stellen sich hier neue Aufgaben, nicht zuletzt der Zusammenarbeit mit anderen Diakonien in anderen Ländern: Es geht um verstärkte Mitverantwortung für Gerechtigkeit und Förderung des Helfens in ganz Europa. *E. H.*

Diakonie in Europa

Alexej von Jawlensky (1864-1941): *Heilandsgesicht*, ca. 1921; Öl auf Malpapier, auf Karton, 35,6 x 25,4 cm; Leonard Hutton Galleries, New York [1998]; © 2008 VG Bild-Kunst, Bonn 2008.

Charakteristisch für die Arbeitsweise Alexej von Jawlenskys sind Werkserien, so auch die „Heilandsgesichter", die von 1917 an entstehen. Zeichenhafte Formen bestimmen die Gesichter, und die gestalterischen Mittel werden unabhängig vom dargestellten Inhalt.

Wie alle Gesichter dieser Serie ist auch dieses ganz nah herangerückt; hier sprengt es sogar die Bildfläche. Das dominante gestalterische Mittel ist die Linie, die durch ihre ungleichmäßige Stärke und zum Teil verwischte Kontur sehr lebendig wirkt, obwohl sie eigentlich primär geometrische Grundelemente wiedergibt. So wird die Nase aus einer sehr langen und einer kurzen Geraden gebildet, der Mund aus zwei parallelen Waagerechten. Die Augen werden ebenfalls aus parallelen Linien gebildet, so dass der Eindruck entsteht, sie seien geschlossen oder stark zusammengekniffen. Im Bereich der Augengeraden und entlang der Bogenlinie, welche die eigentliche Gesichtsform nach unten hin begrenzt, entsteht durch die hell abgestuften, z.T. von der Linie zur Fläche auslaufenden Farbbereiche eine vage Andeutung von Plastizität. Einzelne punktförmige Farbkleckse sind neben der Linie die einzige weitere geometrische Grundform, die Jawlensky einsetzt. Farbgestalterisch arbeitet der Maler ebenfalls mit sparsamen Mitteln: Auf einem cremefarbenen Grund verwendet er neben den Primärfarben Rot, Gelb und Blau lediglich ein Blaugrün, Schwarz und Weiß. Reduktion und damit Konzentration auf wenige gestalterische Elemente entindividualisieren die Gesichter und rücken sie in einen überzeitlichen Rahmen.

Jawlenskys „Heilandsgesichter" sind vor allem deshalb so eindrücklich, weil sie eine alte Bildtradition, das Christusbild, in die Formensprache der Moderne übersetzen, aber auch, weil sie in diesen Gesichtern das Menschliche und das Göttliche zugleich zum Ausdruck bringen und so eine Verbindung zwischen beidem herstellen.

Kerstin Clasen

Diakonische Spiritualität bzw. „Spiritualität in der Diakonie" meint die soziale Kultur, den „Geist" (lat. *spiritus*), aus dem heraus diakonisch gehandelt wird. Der ältere Begriff der Frömmigkeit erscheint als stärker auf kirchlich geformte Praxis begrenzt, wie sie für das 19. Jahrhundert und bis zu Beginn der 60er Jahre für die Diakonie prägend waren. Spiritualität drückt sich in der ganzen Weite und Vielschichtigkeit ihrer Handlungsformen, Strukturen, Arbeitsgebiete und Organisationen der Diakonie aus. Sie ist also nicht einfach nur etwas Ungreifbares und Innerliches. Es geht um Haltungen und Einstellungen ebenso wie um Beziehungen und Strukturen, die sich im Alltag diakonischen Handelns zu einer wirksamen Praxis verdichten.

Spiritualität in biblischer Nachfolge

Diakonische Spiritualität als Haltung und Kultur ist in der biblischen Tradition und ihrer Wirkungsgeschichte verankert. „Wir orientieren unser Handeln an der Bibel. Wir nehmen den einzelnen Menschen wahr", so drückt es das Leitbild Diakonie von 1997 aus. Von den biblischen Szenen und Geschichten lässt sich diakonische Spiritualität an das befreiende liebende Handeln Gottes, seine Güte zu Gunsten der Armen und Elenden (→ 3.1) erinnern. In diesem Sinne gehören für die Diakonie Gottesdienst und soziale Verantwortung zusammen. Denn die biblischen Rechtstraditionen und prophetischen Überlieferungen sind voller Schutzbestimmungen für Witwen, Waisen, Alte, Verschuldete, Fremde, Versklavte und Tagelöhner. Auch finden sich da soziale Gesetze bezüglich des Wirtschaftens (z.B. 5 Mose 10,16ff.); sie gebieten Rücksicht auf die wirtschaftlich Schwächeren und fordern Schuldenerlasse. In den Psalmen wird der Klage über Krankheit, Leid und Unrecht öffentlich Raum gegeben. Gott wird als derjenige begriffen, der Leiden sieht und Klage hört und für Gerechtigkeit eintritt. Jesus Christus gilt als der Beauftragte, der „Diakon", der nicht herrscht, sondern mit seinem Leben dient (Markus 10,42ff.). Diesem

Renate Zitt

einander dienenden Verhalten soll auch die Kultur des Miteinanders entsprechen, die von Jesus erzählt wird. Diakonie ist ein Handeln im Auftrag Gottes, von seiner Liebe mitzuteilen und seine Liebe auszuteilen. (→ 1.1)

Spiritualität für alle Mitarbeitenden der Diakonie
und in allen ihren Funktionen

Studierende der Sozialen Arbeit und der Gemeindepädagogik haben im Rahmen einer Lehrveranstaltung über Diakonie einmal ihr Verständnis ungefähr so zusammengefasst: Diakonische Spiritualität heißt: dem Leben dienen und den Menschen nahe sein, sie ist Vertrauen auf das Mitsein Gottes, Vertrauen auf Liebe und schöpferisches Erbarmen, sie ist gegenseitiges Anerkennen und Miteinander, sie bedeutet achtsamen Umgang miteinander und sie bedeutet, Ausgrenzung zu vermeiden.

In der Geschichte der Diakonie hat es bestimmte verbindliche Gemeinschaftsformen gegeben (Diakonissen, Diakonen/innen-Gemeinschaften, Kommunitäten, Gemeinschaften diakonischer Mitarbeiter/-innen) (→ 4.2). Hier fühlen Menschen sich dem diakonischen Auftrag in besonderer Weise verpflichtet und wollen ihn beispielgebend mit Leben füllen. Daraus darf jedoch in evangelischer Perspektive keine „Zwei-Stufen-Spiritualität" in der Diakonie gefolgert werden, als sei echte Spiritualität diesen Gemeinschaften vorbehalten. Die diakonische Spiritualität und ihre Verwirklichung im Alltag ist eine Frage an alle Menschen, die sich diakonisch wirkend verstehen. Und sie ist eine Frage nach der Kultur diakonischer Organisationen.

Diakonische Spiritualität betrifft die Diakonie insgesamt und sämtliche ihrer Funktionen (→ 1.6):

1. Dass die alltägliche Diakonie und Kultur des Miteinanders nichts anderes ist als Mitmenschlichkeit und einem allgemeinmenschlichen Erfordernis entspricht, kann die Diakonie schöpfungstheologisch verstehen: Ein allgemeinmenschlicher Sinn für die

Forderung zu helfen ist von Gott her in der Schöpfung angelegt. Gott als Geheimnis der Welt und als Beziehungskraft der Liebe, Barmherzigkeit und Gerechtigkeit will die Mitarbeit der Menschen mit ihren ganz menschlichen Mitteln und Begrenzungen im Handeln, so der evangelische Theologe Hans-Jürgen Benedict.

2. „Diakonie ist Kirche" – wie es das Leitbild Diakonie von 1997 ausdrückt. Sie ist – so der Waldenser Theologe Paolo Ricca – das Herz der Kirche. Sie ist eine bestimmte Weise einer Organisation von Kirche. Spiritualität betrifft auch Organisationsstruktur und Kirchenstruktur.

3. Diakonie ist Dienstleister im Sozialstaat (→ 2.2). Ihre Spiritualität betrifft auch ihre Gestalt als freier Wohlfahrtsverband.

4. Die Spiritualität der Diakonie ist sozialpolitisch. Diese politische Spiritualität lebt sie als anwaltschaftliche, gesellschaftliche Diakonie, als Lobbyistin der Benachteiligten für Menschenwürde und Gerechtigkeit in der Gesellschaft.

Spiritualität als compassion

Zur diakonischen Spiritualität und diakonischen Haltung gehört es, die Lebensbedingungen der Einzelnen und der Strukturen in der Gesellschaft wahrzunehmen. Da wird man sich dessen bewusst, wie verletzlich und bruchstückhaft das Leben ist, und setzt sich dieser Verletzlichkeit aus. Es geht – wie der politische katholische Theologe Johann Baptist Metz es genannt hat – um *compassion* (Mitfühlen / Mitleiden): sich berühren lassen vom Anderen, Mitempfinden, aufmerksam sein auf die eigene Hilfebedürftigkeit und die Hilfebedürftigkeit des Anderen. Jesu Blick gilt zuerst den Leidenden; Gott tritt für die Leidenden und für Gerechtigkeit ein. *compassion*, die Aufmerksamkeit für Leiden, das verursacht wird durch Personen wie durch Strukturen, ist sozialanwaltschaftliches Handeln. In der modernen Gesellschaft braucht *compassion* ergänzend institutionelle Hilfen und Organisationen. Um ihr Leben zu gestalten, sind Menschen auf Beziehungen und Netzwerke angewiesen, wo sie als Personen mit ihrer Lebensgeschichte wahrgenommen werden. In der Diakonie

Renate Zitt

und im diakonischen Handeln sollen Lebens- und Freiräume ermöglicht und erfahrbar werden, in denen Menschen sich als aufeinander angewiesene Subjekte erfahren und das Leben auch in belasteten Situationen miteinander gestalten können.

Spiritualität im Alltag der Diakonie

Diakonische Spiritualität spiegelt sich auch wieder in den Ritualen, die den Alltag begleiten, und im Umgang mit Zeiten und Räumen. Zeit wird erlebt, erinnert und erhofft – so geht es darum, die Lebenszeit bewusst zu gestalten, als Abschnitt des Lebenslaufs oder im Rhythmus des Jahres und des Kirchenjahres. In dieser Zeitkultur werden befreiende Anfänge, Schwellen und Abschiede sichtbar gemacht und bewusst begangen. Wenn man den biblischen Geschichten, christlichen und religiösen Traditionen, Formen und Symbolen mit ihren Licht- und Schattenseiten begegnet, dann geschieht das so, dass man sich dabei mit der eigenen Lebensgeschichte auseinandersetzt. Dazu braucht es elementare Zugänge, Zeiten und Räume und einladende Formen. So kommt es zu bedeutungsvollen Begegnungen mit Liedern, Gedichten, Psalmen, Segenshandlungen, Bibelversen und Gebeten.

Diakonische Spiritualität lebt von Sichtweisen, die immer wieder neu auch ins gemeinsame Gespräch und ins Handeln zu bringen sind:

1. Wir sind in eine Welt eingezeichnet, die in Gott geborgen ist.
2. Auch und gerade die Gebrochenheit des Lebens hat bei Gott ihren Ort.
3. Menschen sind auf Hoffnung, auf Ermutigung angewiesen.
4. Menschen brauchen Beziehungen und Unterstützung bei ihrer Lebensgestaltung.

Es geht bei diakonischer Spiritualität zentral immer wieder neu um die Frage: Wie kann Diakonie heute begriffen und gestaltet werden als ein Ort, an dem Gottes Menschenfreundlichkeit erfahren wird, als ein Geschehen, durch das Gottes Menschenfreundlichkeit gezeigt wird, als ein Geschenk der Versöhnung, als ein Ort, wo man den Anderen bedingungslos anerkennt und zusammen lebt und handelt in gerechten Strukturen? Wie kann dies in vielfältigen Formen gelebt und erfahren werden?

So gesehen ist diakonische Spiritualität das Kernthema der Diakonie. Von ihm her wird jeweils in der eigenen Lage der Zeit das alltägliche Handeln der Diakonie entwickelt und gestaltet. Von ihm her wird es als ein solches soziales Handeln, das Diakonie ist, erkennbar.

Renate Zitt

- *Beate Hofmann / Michael Schibilsky (Hg.):* Spiritualität in der Diakonie. Anstöße zur Erneuerung christlicher Kernkompetenz, 2001.

Diakonie ist Kennzeichen oder – wenn man so will – Markenzeichen des Christentums von Beginn an. Einerseits aus dem Judentum und andererseits aus dem Glauben an Jesus Christus erwachsen, entwickelte sich eine soziale Praxis der Christen (→ 1.2), die Aristides von Athen um 140 n.Chr. in einem Schreiben an Kaiser Antonius Pius so beschrieb: „Sie lieben einander. Die Witwen missachten sie nicht; die Waisen befreien sie von dem, der sie misshandelt. Wer hat, gibt neidlos dem, der nicht hat. Wenn sie einen Fremdling erblicken, führen sie ihn unter ein Dach und freuen sich über ihn wie über einen leiblichen Bruder."

Eine Traditionsmarke

In den evangelischen Kirchen wurde der aus dem Griechischen stammende Begriff „Diakonie" (= Dienst/Beauftragung; → 1.1) bedeutungsgleich mit organisiertem Hilfehandeln. Angesichts der langen Tradition wirkt es ein wenig künstlich und nachträglich, wenn Diakonie 2002 ins Patentregister eingetragen wird sowie der Name Diakonie (1999) und die Wort-Bild-Marke mit Schriftzug Diakonie und Kronenkreuz (2003) geschützte Markenzeichen werden. Die Diakonie in Deutschland reagiert damit aber auf die veränderten gesellschaftlichen, politischen, wirtschaftlichen und rechtlichen Rahmenbedingungen.

In Deutschland gilt Hans Domizlaff zu Beginn der 1920er Jahre als Begründer der „Markentechnik": Aus Anbietern von vergleichbaren und verwechselbaren Produkten sollten unverwechselbare Marken mit einer immer wiedererkennbaren eigenen Identität werden. Etwa zur gleichen Zeit (1923) beging der 1848 begründete Vorläufer der heutigen Diakonie, der „Central-Ausschuss für die Innere Mission" der deutschen evangelischen Kirche, sein 75-jähriges Bestehen. Da man erkannte, dass seine Arbeit in weiten Kreisen der Gesellschaft völlig unbekannt war, wurde 1924 mit dem „Propagandadienst" eine systematische Öffentlichkeitsarbeit begründet, um „durch alle sich bietenden Mittel die Kenntnis des Gesamtwerkes der Inneren Mission in breiteste Schichten" hineinzutragen.

Das Kronenkreuz

 Richard Böhland entwarf 1925 ein Erkennungszeichen, indem er die Form des Kreuzes mit den Anfangsbuchstaben der Inneren Mission (I und M) verband. Die Einrichtungen und Verbände der Inneren Mission wurden im gleichen Jahr gebeten, dieses – erst später als Kronenkreuz bezeichnete – Zeichen zu übernehmen und öffentlichkeitswirksam einzusetzen. 1930 übernahm es auch der Internationale Verband für Innere Mission und Diakonie.

Damit war die Innere Mission eine der ersten kirchlichen Einrichtungen, die öffentlich mit einem gemeinsamen Erscheinungsbild auftraten.

Später übernahm ebenso das 1957 in der Nachfolge entstandene Diakonische Werk der Evangelischen Kirche in Deutschland das Kronenkreuz. Bis heute wird es als Zeichen der Ermutigung gesehen: „Das Kreuz als Hinweis auf Not und Tod, die Krone als Zeichen der Hoffnung und Auferstehung. Die Verbindung von Kreuz und Krone soll die Zuversicht befestigen, dass Not überwunden werden kann, weil Christus Not und Tod überwunden hat."

Außenansicht und Innenansicht

Das evangelische Profil wird auch aktuell in der Öffentlichkeit von der Diakonie erwartet, wie Meinungsumfragen ergeben. Weiterhin ist aber festzustellen, dass Diakonie noch immer weniger bekannt ist als z.B. andere Spitzenverbände der freien Wohlfahrtspflege wie v.a. Deutsches Rotes Kreuz oder Caritas. Wesentlich stärker als die Gesamtarbeit sind hingegen einzelne Teilbereiche diakonischer Arbeit wie z.B. Telefonseelsorge, Bahnhofsmission oder „Brot für die Welt" in der öffentlichen Wahrnehmung präsent. Zudem wird Diakonie als traditionsreiche Institution angesehen. Dies gilt es zu stärken, aber zugleich mit neuartigen Projekten ihre Wandlungs- und Zukunftsfähigkeit aufzuzeigen. Ihr Image sowie ihre inhaltliche Arbeit, ihre Bedeutung und künftige Wichtigkeit werden in den Umfragen hoch bis sehr hoch eingeschätzt. Das führt innerhalb der Diakonie zu dem Schluss, dass der Inhalt Diakonie stimmig ist, aber besser öffentlich vermittelt werden muss.

Zu beachten ist allerdings, dass dies nicht allein über die Medien zu erreichen ist. Denn für die Kontaktaufnahme zu diakonischen Einrichtungen spielen vor allem Empfehlungen von Verwandten, Freunden und Bekannten eine wichtige Rolle. Diakonie hat sich gerade in der persönlichen Begegnung immer wieder als verlässlich zu bewähren. Die ca. 430.000 Mitarbeiterinnen und Mitarbeiter sowie ca. 400.000 ehrenamtlich Tätigen machen den wesentlichen Faktor diakonischer Arbeit und damit auch der Marke Diakonie aus. In ihre Fähigkeiten und Kompetenzen, aber ebenso in den Rahmen ihrer Arbeitsbedingungen und die Räume für ihre (leibliche wie geistliche) Erholung gilt es zu investieren.

Denn diakonische Arbeit ist ebenso wie andere soziale Praxis vor allem auch ein Beziehungsgeschehen. Darin geht es um Begleitung, Unterstützung oder Hilfe, in welcher Form und in welchem Lebensalter auch immer – von der Schwangerschaftskonfliktberatung bis zur Hospizarbeit. In der diakonischen Arbeit sind Mitarbeitende oft mit allen Sinnen, ihrer ganzen Persönlichkeit und ihrem Sachverstand gefordert, gerade auch angesichts zahlreicher ethischer Fragen und Probleme in der alltäglichen Arbeit. Es gilt in der Diakonie also auch der umgekehrte Satz, dass der Inhalt Diakonie nicht nur nach außen kommuniziert, sondern auch von innen heraus gelebt und erlebt werden muss.

Daraus ergibt sich auch die Stimmigkeit der Marke Diakonie. Erschwert wird dies allerdings durch ihre organisatorische Zergliederung in ca. 27.000 selbstständige Einrichtungen sowie z.B. ganz verschiedene Modelle zur Sicherung von Qualitätsstandards. Hier sind weiterhin vermehrt Anstrengungen zu verbesserter Abstimmung und Zusammenarbeit notwendig.

Aufgaben

Für die Zukunft ist es entscheidend, innerhalb der Diakonie den Wert gemeinsamen Auftretens zu erkennen. Diakonie als Marke bedeutet, dass möglichst alle Einrichtungen und Mitglieder der Diakonie als solche (wieder-) erkennbar sind, damit sie auch entsprechend über ein gemeinsames Erscheinungsbild zuzuorden sind. Das Modell „Diakonie als Dachmarke" bietet „integrierte Vielfalt" und ermöglicht z.B. diakonischen Einrichtungen, dabei ihre gewachsene Identität zu erhalten. Dann würde auch für die Diakonie der Satz gelten, dass das Ganze mehr ist als die Summe seiner Teile.

Diakonie als Marke bedeutet auch, die eigene Identität zum Ausdruck zu bringen. Orientierung gewinnt Diakonie dabei nicht an dem, was gerade „in" ist, sondern aus dem Wissen, „woher sie kommt, wer sie ist und wohin sie will". Daraus ergeben sich dann z.B. auch „Charakteristika einer diakonischen Kultur" (→ 2.1). Diakonie als Marke bedeutet schließlich, in der Öffentlichkeit für eine Markenpersönlichkeit zu stehen und zu werben, um auch auf diese Weise gesellschaftlich präsent zu bleiben und das Vertrauen in die Diakonie zu fördern. Dem dienten u.a. sowohl das Rahmenkonzept Öffentlichkeitsarbeit (1997) als auch die drei großen Werbekampagnen (2003-2008). Diakonie ist darin unverwechselbar und zugleich wiedererkennbar als die Verbindung von evangelischem Profil, hoher Kompetenz in den sozialen Diensten und Sozialanwaltschaftlichkeit.

Volker Herrmann

- *Diakonisches Werk der EKD (Hg.):* Charakteristika einer diakonischen Kultur, 2008.

- *Christian Oelschlägel:* Diakonie: Handlungsfelder – Image – Finanzierung, in: *Jan Hermelink / Thorsten Latzel (Hg.)*: Kirche empirisch. ein Werkbuch, 2008 (239-260).

Die Europäische Union (EU) hat sich von einer ursprünglich reinen Wirtschaftsunion hin zu einer politischen Union gewandelt. So bekam sie auch im Bereich der Sozial-, Beschäftigungs- und Bildungspolitik immer mehr Aufgaben und Kompetenzen. Die Europäische Union unterstützt und ergänzt die Tätigkeiten der Mitgliedstaaten in den Bereichen der Beschäftigungspolitik, der Chancengleichheit, der Bekämpfung der sozialen Ausgrenzung und der Modernisierung der Sozialschutzsysteme.

Verstärkt wurde diese „Europäisierung" der Sozialpolitik durch die sog. Lissabonstrategie: Im Jahr 2000 haben sich die europäischen Staatschefs unter anderem vorgenommen, die EU bis 2010 zu dem Wirtschaftsraum mit der international höchsten Beschäftigungsrate und dem besten sozialen Zusammenhalt zu machen.

Immer größerer Einfluss der EU auf die deutsche Diakonie

1. *Neue Instrumente und Strategien:* Neben zahlreichen neuen sozialpolitischen EU-Strategien und Anregungen, die z.B. arbeitsmarktpolitische, jugend- und familienpolitische Fragen betreffen, ist Teil der Lissabonstrategie die sog. offene Methode der Koordinierung (OMK). Sie findet Anwendung in den Bereichen der Sozialen Eingliederung, der Renten, der Gesundheits- und Pflegedienste. Es werden gemeinsame Ziele festgelegt und untersucht, ob diese in den jeweiligen Mitgliedstaaten erreicht werden. Auch wenn die OMK nicht mit einer direkten europäischen Gesetzgebung einhergeht, hat sie z.T. erhebliche sozialpolitische Bedeutung. Sie zeigt, welches Land in welchem Bereich im Vergleich gut oder weniger gut abschneidet.

   So wird Deutschland z.B. immer wieder wegen der nicht ausreichenden Kleinkindbetreuung gerügt oder, wie es im Bericht 2008 der Fall ist, wegen der hohen Armut von Kindern von Hartz IV-Empfängern.

Die OMK begründet viele Chancen, aber auch gewisse Gefahren für die deutschen Wohlfahrtsverbände. Sie wirken bei den OMK-Strategieberichten mit und können von Sozialschutzregeln in anderen Ländern lernen und sich insgesamt für höhere europaweite Sozialstandards einsetzen. Gemeinsame Mindeststandards lehnen die Wohlfahrtsverbände allerdings ab. Denn es bestände die Gefahr, dass sie zu einem Absinken der deutschen Standards, z.B. im Bereich Pflege oder der Krankenhausleistungen, führen würden, weil sich z.B. die Sozialversicherungsträger in den Verhandlungen mit den Einrichtungen nur noch auf diese Mindeststandards berufen. Auch ist es Ansicht der deutschen Wohlfahrtsverbände, dass die jeweiligen Sozialschutzstandards am besten von den Menschen und Einrichtungen bestimmt werden können und sollten, die mit den betroffenen Menschen in Kontakt sind.

2. *EU-Fördermittel:* Die EU unterstützt die berufliche Eingliederung von Menschen in den Mitgliedstaaten durch Mittel des Europäischen Sozialfonds (ESF). In den Landes- und Fachverbänden der Diakonie gibt es zahlreiche Projekte, die auch mit ESF-Mitteln finanziert werden. Fördermittel für diakonische Projekte können darüber hinaus in EU-Aktionsprogrammen, z.B. im Rahmen von PROGRESS (EU-Programm für Beschäftigung und soziale Sicherheit), abgerufen werden.

3. *Europäischer Binnenmarkt:* Im Jahr 2005 wurde die Lissabon-Strategie neu ausgerichtet. Seitdem stehen Wachstum und Beschäftigung im Vordergrund, während der soziale Zusammenhalt als Ziel in den Hintergrund gerückt ist. Es werden nunmehr vor allem die Beschäftigungspotenziale in der Sozialwirtschaft geschätzt. Daher ist die Erbringung von Sozialdienstleistungen durch privatgewerbliche Anbieter durchaus im Sinne der EU. Erst die verstärkte Öffnung der sozialen Dienstleistungen für privat-gewerbliche Anbieter in den letzten Jahren, nicht nur in Deutschland, sondern auch in vielen anderen EU-Ländern, hat es der EU ermöglicht, die Dienste im Sozial- und Gesundheitsbereich als wirtschaftlich

einzuordnen. Dies hat gravierende Folgen. Diese Dienste sind nun den europäischen Binnenmarkts- und Wettbewerbsregeln unterworfen. So müssen bei der Zulassung von Einrichtungen und Hilfeangeboten die Vorschriften über das öffentliche Vergabeverfahren eingehalten werden. Dies kann das Wunsch- und Wahlrecht und die Trägervielfalt bedrohen. Auch gelten für jede Art öffentlicher Finanzierung besondere Rechtfertigungsregeln. Dabei ist zu beachten, dass der Begriff der öffentlichen Finanzierung sehr weit gefasst ist. So ist z.b. noch nicht endgültig geklärt, ob und inwieweit die Gemeinnützigkeit auch diesen Regeln unterworfen ist. Problematisch ist für die deutsche Wohlfahrtspflege darüber hinaus, dass mit öffentlichen Mitteln nur eine bestimmte staatlich zugewiesene Aufgabe finanziert werden darf. Hieraus ergeben sich weitgehende Transparenzvorschriften und teilweise sehr schwer einzuhaltende Buchhaltungspflichten. Auch steht die Idee der staatlichen Zuweisung im Widerspruch zur Autonomie der Einrichtungen.

Diakonische Interessenvertretung in Brüssel

Die EU-Vertretung des Diakonischen Werks der Evangelischen Kirche in Deutschland (DW EKD) vertritt die Interessen der Diakonie gegenüber der Europäischen Kommission und dem Europäischen Parlament. Der Sitz der EU-Vertretung ist im Haus der EKD in Brüssel, im Herzen des Europaviertels.

Die EU-Vertretung setzt sich auf europäischer Ebene für soziale Gerechtigkeit ein und bemüht sich vor allem um eine soziale Abfederung der Lissabonstrategie. Damit diakonische Einrichtungen den Menschen bestmöglich helfen können, setzt sich die EU-Vertretung auch für bessere Rahmenbedingungen diakonischer Einrichtungen im europäischen Binnenmarkt ein. Zu diesem Zweck arbeitet die EU-Vertretung des DW EKD intensiv mit den Landesverbänden und den diakonischen Einrichtungen in Deutschland zusammen, sowie mit der EKD, der Bundesarbeitsgemeinschaft der Freien Wohlfahrtspflege (BAGFW), dem Deutschen Caritasverbandes (DCV) und ihren jeweiligen

EU-Vertretungen, wie auch mit der Konferenz europäischer Kirchen (KEK), mit der katholischen Bischofskonferenz und mit den diakonischen Organisationen in anderen EU-Mitgliedstaaten und dem europäischen Dachverband Eurodiaconia.

Eurodiaconia und diakonische Strukturen in Europa

Die Unterschiedlichkeit der Sozialsysteme und die Vielfalt der protestantischen und orthodoxen Kirchen in den europäischen Staaten spiegelt sich auch in unterschiedlichen diakonischen Strukturen in Europa wieder.

Seit 1996 gibt es den „Europäischen Verband für Diakonie – Eurodiaconia", ein Netzwerk aus protestantischen Kirchen, freien Wohlfahrtseinrichtungen und ökumenischen Non-Profit-Organisationen. Zur Zeit hat Eurodiaconia 32 Mitglieder. Die Mitglieder haben sich zur Aufgabe gemacht, das diakonische Bewusstsein in Europa zu stärken, die Zusammenarbeit der ökumenischen Mitgliedsorganisationen zu fördern, Wissen untereinander auszutauschen, Projekte und Partner zusammenzubringen und sich an der sozialpolitischen Diskussion auf europäischer Ebene zu beteiligen.

Das Generalsekretariat von Eurodiaconia in Brüssel vernetzt die diakonischen Mitglieder untereinander und engagiert sich zusammen mit seinen Mitgliedern vor allem im Bereich der sozialen Eingliederung, der Armutsbekämpfung, der Arbeitsmarktpolitik, der Freiwilligenarbeit, der Sozialdienstleistungen und deren Qualitätssicherung.

Zukunftsaussichten

Die Anwendung des europäischen Rechts ist für die Anbieter diakonischer Dienste teilweise mit erheblichen Schwierigkeiten verbunden. Hier gilt es, den europäischen Institutionen immer wieder die Besonderheiten des deutschen Sozialschutzsystems und den zivilgesellschaftlichen Nutzen wohlfahrtsverbandlich erbrachter Dienste vor Augen zu führen.

Victoria von Meding

Der europäische Binnenmarkt bietet aber auch Chancen für die Diakonie. So können deutsche diakonische Einrichtungen im EU-Ausland unter erleichterten Bedingungen ihre Dienste anbieten und den Menschen dort helfen. Spenden an die Diakonie können auch in anderen europäischen Ländern von den Steuern abgesetzt werden. Diakonische Krankenhäuser können EU-Ausländer behandeln, die Kosten werden dann von den jeweiligen Krankenversicherungen erstattet. Projekte mit Diakonien aus anderen Ländern können mit EU-Geldern gefördert werden.

Letztlich kommt es darauf an, dass die Regeln der sozialen Gerechtigkeit auch im europäischen Binnenmarkt gelten und die historisch gewachsenen nationalen Sozialstaatsstrukturen erhalten bleiben. So müssen aus Sicht des DW in einem sozialen Europa insbesondere Solidarität, Chancengleichheit, sozialer Zusammenhalt und die Vielfalt und Qualität des Angebots sozialer Dienstleistungen sowie der Wunsch und das Wahlrecht des einzelnen Hilfebedürftigen sichergestellt werden. Nur so wird es gelingen, Zustimmung und Mitarbeit am Projekt der europäischen Einigung zu erneuern und die Idee eines friedlichen Europas auch im Hinblick auf den sozialen Frieden in der Gesellschaft weiterzuverfolgen.

Victoria von Meding

- *Anette Leis:* Europa diakonisch gestalten, 2006.

- *Theodor Strohm (Hg.):* Diakonie in Europa, 1997.

7. Was finde ich wo über Diakonie?

Wo gibt es weitere Informationen zur Diakonie? Wo kann ich mehr nachlesen?

Die „Gelben Seiten" zur Diakonie beginnen mit Angaben über weitere wichtige Gesamtdarstellungen zur Diakonie, sowie Reihen und Zeitschriften, die den Themen der Diakonie gewidmet sind. Über diese „Grundlegende neuere Literatur zur Diakonie" (7.1) finden Sie dann auch schnell weitere Spezialliteratur zu einzelnen Fragestellungen und Bereichen der Diakonie.

Literatur

Es folgt die Rubrik „Wichtige Adressen der Diakonie" (7.2). Hier sind die Geschäftsstellen der Spitzenverbände der Freien Wohlfahrtspflege, Kirchen und Verbände der Diakonie sowie große diakonische Träger aufgelistet.

Adressen

Schließlich wird über „Erste Anlaufpunkte im Internet" (7.3) informiert. Das soll dazu helfen, diejenigen Internetseiten schnell zu finden, die die gesuchte Auskunft zur Diakonie enthalten. Über diesen Weg kommt man übrigens auch leicht an den Wortlaut wichtiger Dokumente zur Diakonie heran.

Internet

E.H.

7.1 Grundlegende neuere Literatur zur Diakonie

Bücher

Herbert Haslinger: Diakonie, Grundlagen für die soziale Arbeit der Kirche, 2008. *Die jüngste katholische Gesamtdarstellung von einem maßgeblichen Caritaswissenschaftler.*

Jürgen Gohde: Diakonie auf dem Prüfstand, 2007. *Ein Sammelband mit Reden des früheren Präsidenten des Diakonischen Werks.*

Ursula Röper / Carola Jülig (Hg.): Die Macht der Nächstenliebe, 2007 [Nachdruck]. *Der Katalog zur Ausstellung „150 Jahre Innere Mission und Diakonie. 1844-1998" des Deutschen Historischen Museums in Zusammenarbeit mit dem Diakonischen Werk der Evangelischen Kirche in Deutschland.*

Adelheid M. v. Hauff (Hg.): Frauen gestalten Diakonie, Bände 1 u. 2, 2006. *Porträts und Lebensgeschichten diakonisch tätiger Frauen von biblischen Zeiten bis zur Gegenwart.*

Volker Herrmann / Martin Horstmann: Studienbuch Diakonie Bd. 1 u. 2, 2006. *Eine kommentierte Textsammlung wichtiger Texte zur Diakonie aus Vergangenheit und Gegenwart zur Verwendung in der Ausbildung.*

Günter Ruddat / Gerhard K. Schäfer (Hg.): Diakonisches Kompendium, 2005. *Gedacht als „Handbuch für Studium und Praxis", wird auf 640 Seiten in einzelnen Artikeln ein Überblick über die Diakonie gegeben.*

Michael Schibilsky / Renate Schmidt (Hg.): Theologie und Diakonie, 2004. *Entstanden aus der Arbeit der universitären „Wissenschaftlichen Gesellschaft für Theologie", finden sich auf insgesamt 634 Seiten Artikel zu den gegenwärtigen Debattenpunkten in der Diakonie, jeweils von zwei Bearbeitenden im Gespräch miteinander.*

Reihen

Jürgen Gohde / Michael Schibilsky (Hg.): Diakoniewissenschaft. Grundlagen und Handlungsperspektiven, 2000ff. [bisher 12 Bände].

Theodor Strohm (Hg.): Diakoniewissenschaftliche Studien, 1993ff. [bisher 10 Bände].

Volker Herrmann / Heinz Schmidt (Hg.): Veröffentlichungen des Diakoniewissenschaftlichen Instituts an der Universität Heidelberg, 1989ff. [bisher 33 Bände].

Zeitschriften zur Diakonie und verwandten Fachgebieten (in Auswahl)

Diakonie-Magazin (ab 2007), hg. v. Diakonischen Werk der EKD [vorher unter dem Titel *Diakonie-Report*].

Diakonie. Theorie – Erfahrung – Impulse (1975-2002), hg. vom Diakonischen Werke der EKD.

Wege zum Menschen. Zeitschrift für Seelsorge und Beratung, heilendes und soziales Handeln (ab 1949), Verlag Vandenhoeck & Ruprecht.

Weltsichten. Magazin für Globale Entwicklungen und ökumenische Zusammenarbeit (ab 2008): *Weltsichten* ist die Nachfolgepublikation von *eins-Entwicklungspolitik* und *der überblick*, herausgegeben vom Verein zur Förderung der entwicklungspolitischen Publizistik e.V. (VFEP), dem kirchliche Entwicklungswerke – protestantische und katholische – aus Deutschland und der Schweiz sowie ein Förderverein angehören.

Artikel zur Diakonie finden sich auch in Zeitschriften der Praktischen Theologie: *Pastoraltheologie* (ab 1911), Verlag Vandenhoeck & Ruprecht; *Praktische Theologie* (ab 1966), Gütersloher Verlagshaus.

Blätter der Wohlfahrtspflege (ab 1848), Nomos Verlagsgesellschaft.

Caritas (ab 1895), hg. vom Deutschen Caritasverband; Eigenverlag.

Forum Erziehungshilfen (ab 1995), Juventa Verlag.

Migration und soziale Arbeit (ab 1979), Juventa Verlag.

Pflege und Gesellschaft (ab 1996), Juventa Verlag.

Sonderpädagogik, Vierteljahreszeitschrift über aktuelle Probleme der Behinderten in Schule und Gesellschaft (ab 1971), Edition Marhold im Wissenschaftsverlag Volker Spiess.

Sozial Extra. Zeitschrift für Soziale Arbeit und Sozialpolitik (ab 1976), VS Verlag für Sozialwissenschaften.

Soziale Arbeit (ab 1952), hg. vom Deutschen Sozialinstitut für soziale Fragen; Eigenverlag.

Sozialmagazin. Zeitschrift für soziale Arbeit (ab 1976), Juventa Verlag.

Sozialwirtschaft aktuell. Infodienst (ab 2002), Nomos Verlagsgesellschaft.

Sozialwirtschaft. Zeitschrift für Sozialmanagement (ab 1991), Nomos Verlagsgesellschaft.

Theorie und Praxis der sozialen Arbeit (ab 1950), hg. von der Arbeiterwohlfahrt, Juventa Verlag.

Unsere Jugend. Zeitschrift für Studium und Praxis der Sozialpädagogik (ab 1949), Ernst Reinhardt Verlag.

Zeitschrift für Heilpädagogik (ab 1949), hg. vom Verband Sonderpädagogik e.V.; Eigenverlag.

Zeitschrift für Sozialpädagogik (ab 2003), Juventa Verlag.

Zeitschrift für Öffentliche und Gemeinwirtschaftliche Unternehmen (ab 1978), Nomos Verlagsgesellschaft.

**Spitzenverbände
der Freien Wohlfahrtspflege**

Arbeiterwohlfahrt (AWO)
  Bundesverband e.V.
  Heinrich-Albertz-Haus
  Blücherstr. 62/63, 10961 Berlin
  Tel.: 030-26309-0
  E-Mail: info@awo.org
  www.awo.org

Deutscher Caritasverband e.V (DCV)
  Zentrale
  Karlstr. 40, 79104 Freiburg
  Tel.: 0761-200-0
  E-Mail: info@caritas.de
  www.caritas.de

Der Paritätische Wohlfahrtsverband
  (DER PARITÄTISCHE)
  Der Gesamtverband
  Oranienburgerstr. 13-14
  10178 Berlin
  Tel.: 030-24636-0
  E-Mail: info@paritaet.org
  www.der-parltaetische.de

Deutsches Rotes Kreuz (DRK)
  Generalsekretariat
  Carstennstr. 58, 12205 Berlin
  Tel.: 030-85404-0
  E-Mail: drk@drk.de
  www.drk.de

Diakonisches Werk der Evangelischen
  Kirche in Deutschland
  (DW der EKD)
  Diakonie Bundesverband
  Reichensteiner Weg 24
  14195 Berlin
  Tel.: 030-83001-0

E-Mail: diakonie@diakonie.de
www.diakonie.de

Zentralwohlfahrtsstelle der Juden
  in Deutschland e.V. (ZWST)
  Hebelstr. 6, 60318 Frankfurt
  Tel.: 069-944371-0
  E-Mail: zentrale@zwst.org
  www.zwst.org

**Zusammenschluss
  der Dachorganisationen**

Bundesarbeitsgemeinschaft
  der freien Wohlfahrtspflege e.V.
  (BAGFW)
  Oranienburgerstr. 13-14
  10178 Berlin
  Tel.: 030-24089-0
  E-Mail: info@bag-wohlfahrt.de
  www.bagfw.de

**Im Rahmen der Diakonischen Konferenz am Diakonischen Werk
  beteiligte Kirchen**

Evangelische Kirche in Deutschland
  (EKD) (mit den ihr zugehörigen
  Landeskirchen)
  Herrenhäuser Str. 12
  30419 Hannover
  Tel.: 0511-2796-0
  E-Mail: info@ekd.de
  www.ekd.de

Arbeitsgemeinschaft Mennonitischer
  Gemeinden in Deutschland
  (AMG)
  Stauferstr. 43, 85051 Ingolstadt

7. Was finde ich wo über Diakonie?

Tel.: 0841-88562715
E-Mail: amg.frieder.boller@men-
noniten.de
www.mennoniten.de

Die Heilsarmee in Deutschland
Die Heilsarmee, NHQ
Salierring 23-27, 50677 Köln
Tel.: 0221-20819-0
E-Mail: info@heilsarmee.de
www.heilsarmee.de

Selbständige Evangelisch-
Lutherische Kirche (SELK)
Schopenhauerstr. 7
30625 Hannover
Tel.: 0511-557808
E-Mail: selk@selk.de
www.selk.de

Evangelisch-Methodistische Kirche
Kirchenkanzlei, Ludolfusstr. 2-4
60487 Frankfurt/Main
Tel.: 069-242521-0
E-Mail: kirchenkanzlei@emk.de
www.emk.de

Evangelische Brüder-Unität
Herrnhuter Brüdergemeine
Vogtshof, Postfach 21
02745 Herrnhut
Tel. 035873-487-0
E-Mail.: info@ebu.de
www.ebu.de

Katholisches Bistum
der Alt-Katholiken in Deutschland
Gregor-Mendel-Straße 28
53115 Bonn
Tel.: 0228-232285
E-Mail:
ordinariat@alt-katholisch.de
www.alt-katholisch.de

Bund Freier evangelischer Gemein-
den in Deutschland
Goltenkamp 4, 58452 Witten
Tel. 02302- 937-12
E-Mail: info@bund.feg.de
www.feg.de

Einzelne andere Verbände

(zum Auffinden der vielen
Fachverbände →
7.3. www.diakonie.de)

Diakonie Österreich
Albert Schweitzer Haus
Schwarzspanierstraße 13
1090 Wien
Tel. 0043-1-4098001
E-Mail: diakonie@diakonie.at
www.diakonie.at

*Diakonie Österreich ist das Sozial-
werk der evangelischen Kirchen
in Österreich und eine der fünf
größten Wohlfahrtsorganisationen
in Österreich.*

Diakonieverband Schweiz
Postfach 3611
8021 Zürich
Tel.: 0041-44-211-8827
E-Mail: info@diakonieverband.ch
www. diakonieverband.ch

*Zum Diakonieverband Schweiz
gehören über 100 Institutionen
und Organisationen der Hilfe
aus christlicher Sicht.*

Eurodiaconia. Europäischer Verband
für Diakonie
Rue Joseph II, 166
B-1000 Brussels, Belgium

Tel: 0032-2-2343860
E-Mail: info@eurodiaconia.org
www. eurodiaconia org

*Eurodiaconia ist ein Netzwerk aus
protestantischen Kirchen, freien
Wohlfahrtseinrichtungen und ökumenischen Non-Profit-Organisationen mit europäischer Ausrichtung
und hat derzeit 32 Mitglieder.*

Verband diakonischer Dienstgeber in
   Deutschland e.V. (VdDD)
   Altensteinstraße 51
   14195 Berlin
   Telefon 030-8847170-0
   E-Mail: kontakt@v3d.de
   www.v3d.de

*Der VdDD ist ein Zusammenschluss
diakonischer „Arbeitgeber" und
engagiert sich für tarifpolitische,
personalpolitische und betriebs-
wirtschaftliche Reformen.*

Große Träger

Evangelische Stiftung **Alsterdorf**
   Alsterdorfer Markt 4
   22297 Hamburg
   Tel.: 040-50770-0
   E-Mail:
   w.scharenberg@alsterdorf.de
   www.alsterdorf.de

Augustinum gGmbH
   Stiftsbogen 74
   81375 München
   Tel.: 089-7098-0
   E-Mail: über Kontakformular
   www.augustinum.de

v. Bodelschwinghsche Anstalten
   Bethel
   Zentrale Öffentlichkeitsarbeit
   Dankort, Quellenhofweg 25
   33617 Bielefeld
   Tel.: 0521-144-3599
   E-Mail: pr.information@bethel.de
   www.bethel.de

Brot für die Welt
   Stafflenbergstraße 76,
   70184 Stuttgart
   Tel. 0711-2159-0
   presse@brot-fuer- die-welt.de
   www.brot-fuer-die-Welt.de

Christliches Jugenddorfwerk e.V.
   CJD Zentrale, Teckstrasse 23
   73061 Ebersbach / Fils
   Tel.: 07163-930-0
   E-Mail: cjd@cjd.de
   www.cjd.de

Evangelischer **Entwicklungsdienst**
   e.V.
   Ulrich-von-Hassell-Straße 76
   53123 Bonn
   Tel.: 0228-8101-0
   E-Mail: eed@eed.de   www.eed.de

Theodor **Fliedner** Stiftung
   Fliednerstraße 2
   45481 Mülheim an der Ruhr
   Tel.: 0208-4843-0
   E-Mail: info@fliedner.de
   www.fliedner.de

Franckesche Stiftungen zu Halle
   Franckeplatz 21
   Haus 27, 06110 Halle
   Tel.: 0345-212740-0
   E-Mail:
   oeffentlichkeit@francke-halle.de
   www.francke-halle.de

7. Was finde ich wo über Diakonie?

Grafschafter Diakonie
Kranichstr.1
47441 Moers
Tel.: 02841-1790-0
E-Mail:
info@Grafschafter-Diakonie.de
www.grafschafter-diakonie.de

Das Evangelische **Johannesstift**
Berlin
Schönwalder Allee 26
13587 Berlin
Telefon 030-33609-0
E-Mail: info@evangelisches-johan-nesstift.de
www.evangelisches-johannes-stift.de

Ev. **Johanneswerk** e.V.
Schildescher Str. 101
33611 Bielefeld
Tel.: 0521-801-01
E-Mail über Kontakformular:
www.johanneswerk.de

Diakonische Heime in **Kästorf** e.V.
Hauptstr. 51
38518 Gifhorn
Tel.: 05371-7210
E-Mail:
vorstand@diakonie-kaestorf.de
www.diakonie-kaestorf.de

Kaiserswerther Diakonie
Alte Landstraße 179
40489 Düsseldorf
Tel.: 0211-409-0
E-Mail: info@kaiserswerther-dia-konie.de
www.kaiserswerther-diakonie.de

Stiftung **Kreuznacher** Diakonie
Ringstr. 58, 5554 Bad Kreuznach
Tel.: 0671-605-3858

E-Mail:
info@kreuznacherdiakonie.de
www.kreuznacherdiakonie.de

Diakonie **Neuendettelsau**
Öffentlichkeitsreferat
Heilsbronner Str. 1
91564 Neuendettelsau
Tel. 09874-82286
info@DiakonieNeuendettelsau.de
www.diakonieneuendettelsau.de

Evangelisches **Perthes**-Werk e.V.
Wienburgstraße 62
48147 Münster
Telefon: 0251-2021-0
E-Mail: info@pertheswerk.de
www.pertheswerk.de

Das **Rauhe** Haus, Stiftung des Bürger-lichen Rechts
Beim Rauhen Haus 21
22111 Hamburg
Tel.: 040-65591-0
E-Mai: info@rauheshaus.de
www.rauheshaus.de

Rummelsberger Anstalten
der Inneren Mission e.V
Rummelsberg 2
90592 Schwarzenbruck
Tel.: 09128-50-0
E-Mail über Kontakformular:
www.rummelsberger.de

Diakonie **Stetten** e.V.
Schlossberg 2
71394 Kernen-Stetten
Tel.: 07151-940-0
E-Mail: info@diakonie-stetten.de
www.diakonie-stetten.de

www.diakonie.net
„Branchenverzeichnis der Diakonie"

Diese Homepage ist als Plattform für diakonische Einrichtungen und als Service für Suchende gedacht. Sie enthält derzeit rund 20.000 Adressen. Unter der Rubrik „Diakonie von A bis Z" können Sie die Bereiche „Krankenhilfe", „Jugendhilfe (ohne Behindertenhilfe)", „Familienhilfe", „Altenhilfe", „Behindertenhilfe, psychisch Kranke", „Hilfen für Personen in besonderen Situationen", „Sonstige soziale Hilfen" anklicken. Dort finden Sie dann jeweils – weiter fachlich untergliedert – stationäre Einrichtungen, teilstationäre Einrichtungen, Beratungsstellen, Selbsthilfegruppen und Ausbildungseinrichtungen. Außerdem sind auch die Verbände der Diakonie aufgeführt. Sie können die gleiche Suche auch über den *link* „Landesverbände" für die jeweilige Region durchführen. Auch gibt es eine – noch nicht so umfangreiche – Rubrik aktueller „Stellenangebote".

www.diakonie.de
„Offizielle Website des Diakonischen Werkes der EKD eV."

Auf dieser Homepage überwiegen die inhaltlichen Darstellungen. Leitbild und Grundverständnis der Diakonie können nachgelesen werden. Die Arbeitsbereiche der Diakonie werden erläutert. Sodann sind aktuelle Nachrichten zur Diakonie sowie Presseerklärungen und sonstige Dokumente des Diakonischen Werkes zu finden. Ein „Newsletter" kann bestellt werden. Wichtige Spendenkonten sind genannt. Es gibt ebenfalls eine Stellenbörse. Auch die Fachverbände innerhalb des Diakonischen Werkes sind hier verzeichnet. (Dazu müssen Sie zunächst die Rubriken „Die Diakonie" und darin die Rubrik „Adressen" anklicken.)

Abbildungsverzeichnis

Bethmann-Hollweg, Moritz August von; Stadtarchiv Bad Freienwalde (Oder); Wikipedia. (29)

Boccioni, Umberto (1882-1916), *Simultan-Vision*, 1911; Öl auf Leinwand, 61 × 60 cm; Von der Heydt-Museum, Wuppertal. (49)

Bodelschwingh, Friedrich v.; Hauptarchiv und Historische Sammlung der v. Bodelschwinghschen Anstalten Bethel. (29)

van Gogh, Vincent Willem (1853-1890): *Der gute Samariter (nach Delacroix)*, 1890; Öl auf Leinwand, 73 × 60 cm; Rijksmuseum Kröller-Müller, Otterlo. (121)

Fliedner, Theodor; Wikimedia Commons. (27)

Francke, August Hermann; Wikimedia Commons. (25)

Jawlensky, Alexej von (1864-1941): *Heilandsgesicht*, ca. 1921; Öl auf Malpapier, auf Karton, 35,6 x 25,4 cm; Leonard Hutton Galleries, New York [1998]; © 2008 VG Bild-Kunst, Bonn 2008. (167)

Liebermann, Max (1847–1935): *Freistunde im Amsterdamer Waisenhaus*, 1881/82; Öl auf Leinwand, 78,5 × 107,5 cm; Städelsches Kunstinstitut und Städtische Galerie, Frankfurt am Main. (77)

Mondrian, Piet (1872–1944): *Broadway Boogie-Woogie*, 1942-43; Öl auf Leinwand, 127 × 127 cm; Metropolitan Museum of Modern Art, New York. (149)

Naumann, Friedrich; Wikimedia Commons. (31)

Sieveking, Amalie; Wikimedia Commons. (27)

Unbekannter Meister: *Die heilige Elisabeth*, 1334; Einzelbild aus dem rechten Flügel des Altenberger Marienaltars; Holz, Flügel 135 × 119 cm; Städel Museum, Frankfurt am Main. (15)

Wichern, Johann Hinrich; Wikimedia Commons. (26)

Artmann, Werner, Jahrgang 1936, Berufsschullehrer, Sonderschullehrer; 25 Jahre Leiter des Berufsbildungswerkes in Waiblingen, langjähriges Mitglied im Vorstand der Diakonie Stetten e.V. für den Bereich Arbeit und Ausbildung. (3.5)

Benedict, Hans-Jürgen, Jahrgang 1941, Dr. theol., Professor em. für diakonische Theologie an der Evangelischen Hochschule für Soziale Arbeit und Diakonie des Rauhen Hauses in Hamburg. (3.1)

Brandt, Emanuel, Jahrgang 1950, Rechtsanwalt in Hamburg, Präsident des Bundes Evangelisch-Freikirchlicher Gemeinden in Deutschland K.d.ö.R. in Bad Homburg. (3.7)

Bremeyer, Annette, Jahrgang 1964, Referentin des Evangelischen Erziehungsverbandes e.V. (EREV) in Hannover. (3.3)

Clasen, Kerstin, Jahrgang 1963, Studium der Kunsterziehung und der Germanistik an der Universität Dortmund; Gymnasiallehrerin in Rheinbach. (Bildtexte)

Claß, Gottfried, Jahrgang 1954, Dr. theol., Direktor der Evangelischen Diakonissenanstalt in Stuttgart. (4.5)

Conty, Michael, Jahrgang 1954, Dipl.-Psychologe und Geschäftsführer des Stiftungsbereichs Behindertenhilfe der v. Bodelschwinghschen Anstalten Bethel in Bielefeld. (3.4)

Dargel, Matthias, Jahrgang 1965, Pfarrer, Dipl.-Ökonom, Vorstand (Sprecher) der Kaiserswerther Diakonie in Düsseldorf. (4.4)

Friedrich, Norbert, Jahrgang 1962, Dr. phil., Leiter der Fliedner Kulturstiftung Kaiserswerth. (4.2)

Füllkrug-Weitzel, Cornelia, Jahrgang 1955, M.A. der Evangelischen Theologie, Politikwissenschaft und Pädagogik; Vorstand Diakonisches Werk der Evangelischen Kirche in Deutschland e.V. und Direktorin von „Brot für die Welt", Diakonie Katastrophenhilfe und „Hoffnung für Osteuropa", Stuttgart. (3.9)

Götzelmann, Arnd, Jahrgang 1961, PD Dr. theol., Professor i.K. für Diakonik, Ethik, Sozialpolitik und Sozialmanagement an der Fachhochschule Ludwigshafen am Rhein. (2.4)

Haas, Hanns-Stephan, Jahrgang 1958, Dr. theol., Professor für Systematische Theologie an der Kirchlichen Hochschule Bethel und Vorstandsvorsitzender und Direktor der Evangelischen Stiftung Alsterdorf in Hamburg. (5.3)

Hagen, Björn, Jahrgang 1964, Dr. phil., Geschäftsführer des Evangelischen Erziehungsverbandes e.V. (EREV) in Hannover. (3.3)

Hartmann, Klaus, Jahrgang 1962, Dr. phil., Wissenschaftlicher Assistent am Institut für interdisziplinäre und angewandte Diakoniewissenschaft an der Rheinischen Friedrich-Wilhelms-Universität Bonn (IfD) und Geschäftsführer der Fliedner Akademie – Zentrum für Führung und Management in Duisburg. (2.3)

Hauschildt, Eberhard, Jahrgang 1958, Dr. theol., Professor für Praktische Theologie an der Evangelisch-Theologischen Fakultät der Rheinischen Friedrich-Wilhelms-Universität Bonn. (2.1)

Hentschel, Anni, Jahrgang 1972, Dr. theol., z.Zt. Vikarin in der Evangelisch-Lutherischen Kirchengemeinde St. Matthäus in Höchberg (Dekanat Würzburg). (1.1)

Herrmann, Volker, Jahrgang 1966, Dr. theol., Professor für Evang. Theologie / Diakoniewissenschaft am Studienstandort Hephata der Evang. Fachhochschule Darmstadt in Schwalmstadt. (6.2)

Höroldt, Hans, Jahrgang 1960; Pfarrer; Diakoniepfarrer und Leiter des Diakonischen Werkes des Kirchenkreises Leverkusen. (3.2)

Hub, Rainer, Jahrgang 1961, Sozialwissenschaftler / M.A. und Dipl.-Diakoniewissenschaftler, Mitarbeiter im Diakonischen Werk der Evangelischen Kirche in Deutschland e.V. in Berlin (u.a. mit dem Schwerpunkt Freiwilliges Engagement). (4.3)

Hübner, Ingolf, Jahrgang 1956, Dr. theol., Theologischer Referent im Diakonischen Werk der Evangelischen Kirche in Deutschland e.V. in Berlin. (5.1)

Kaiser, Jochen-Christoph, Jahrgang 1948, Dr. phil., Professor für Kirchengeschichte / Kirchliche Zeitgeschichte am Fachbereich Theologie der Philipps-Universität Marburg. (1.3)

Kottnik, Klaus-Dieter K., Jahrgang 1952, Pfarrer; Präsident des Diakonischen Werkes der Evangelischen Kirche in Deutschland e.V. in Berlin. (1.6)

Merz, Walter, Jahrgang 1959, Pfarrer, persönlicher Referent des Präsidenten des Diakonischen Werkes der Evangelischen Kirche in Deutschland e.V. in Berlin. (5.2)

Noller, Annette, Jahrgang 1962, Dr. theol., Professorin für Theologie und Diakoniewissenschaft an der Evangelischen Fachhochschule in Ludwigsburg. (1.5)

Pritzkuleit, Klaus, Jahrgang 1951, Geschäftsführer der Diakonischen Arbeitsgemeinschaft evangelischer Kirchen in Berlin. (2.5)

Schäfer, Gerhard K., Jahrgang 1952, Dr. theol. habil., Professor für Gemeindepädagogik und Diakoniewissenschaft; Rektor der Evangelischen Fachhochschule Rheinland-Westfalen-Lippe in Bochum. (1.4)

Schmidt, Heinz, Jahrgang 1943, Dr. theol., Professor für Praktische Theologie und Direktor des Diakoniewissenschaftlichen Instituts an der Ruprecht-Karls-Universität Heidelberg. (2.2)

Sossau, René, Jahrgang 1974, Dipl.-Pflegewirt (FH), Qualitätsmanagementbeauftragter bei der Rummelsberger Dienste für Menschen im Alter gGmbH in Schwarzenbruck. (3.8)

Volp, Ulrich, Jahrgang 1971, Dr. theol., Professor für Kirchen- und Dogmengeschichte an der Evangelisch-Theologischen Fakultät der Johannes Gutenberg-Universität Mainz. (1.2)

von Meding, Victoria, Jahrgang 1970, LL.M. (London), Die Beauftragte des Diakonischen Werkes der Evangelischen Kirche in Deutschland e.V. bei der Europäischen Union in Brüssel. (6.3)

Waller-Kächele, Irene, Jahrgang 1952, Dipl.-Päd., Leitung Arbeitsfeld Bildung in sozialen Berufen im Diakonischen Werk der Evangelischen Kirche in Deutschland e.V. in Stuttgart. (4.1)

Wentzek, Dieter, Jahrgang 1950, Pfarrer, Leiter des Evangelischen Zentralinstituts für Familienberatung in Berlin. (3.6)

Wolff, Martin, Jahrgang 1945, Geistlicher Vorsteher i.R. der Evangelischen Stiftung Tannenhof in Remscheid. (4.2)

Zitt, Renate, Jahrgang 1964, Dr. theol., Dipl.-Diakwiss., Professorin für Religionspädagogik / Gemeindepädagogik an der Evangelischen Fachhochschule Darmstadt. (6.1)

Namenregister*

Antonius Pius 174
Aristides von Athen 174
Augustinus 23

Bartsch, Gabriele 37
Basilius der Große 23
Benedikt von Nursia 23
Bethmann-Hollweg, Moritz August
    von 29
–, Theobald von 29
Bismarck, Otto von 31, 57
Bodelschwingh, Friedrich v. 29
Böhland, Richard 175

Caesarius von Arles 23
Chrysostomos 79
Clasen, Winrich C.-W. 4, 12, 199
Clemens von Alexandrien 23
Cyprian 23

Domizlaff, Hans 174

Etzioni, Amitai 68

Fliedner, Friederike 26
–, Karoline 26
–, Theodor 26, 40, 124, 127f.
Francke, August Hermann 25, 84, 159
Friedrich III. 29
Friedrich-Wilhelm (IV.) *Kronprinz* 29

Gerstenmaier, Eugen 156

Habermas, Jürgen 42

Löhe, Wilhelm 30, 124
Lohmann, Theodor 30
Luhmann, Niklas 51
Luther, Martin 25, 39, 52, 79

Martin von Tours 23
Metz, Johann Baptist 171

Naumann, Friedrich 30
Nipkow, Karl Ernst 37

Ricca, Paolo 171

Schäuble, Wolfgang 9
Sieveking, Amalie-Wilhelmine 27
Sohm, Rudolf 31
Stoecker, Adolf 30

Tönnies, Ferdinand 68
Tolstoi, Leo 31

von der Leyen, Ursula 84

Werner, Gustav 159
Wichern, Johann Hinrich 26f., 30, 33,
    40, 42, 44, 46, 71, 97, 100, 124,
    129, 155, 158

Zimmer, Friedrich 27, 128

---

*   Das Register enthält nicht die Verfassernamen aus den Literaturangaben unter den jeweiligen Artikeln. Für die Autorinnen und Autoren wird auf das Autorenverzeichnis verwiesen.

Sachregister

*Die Register wurden nach den
Vorgaben der Autoren von
Winrich C.-W. Clasen und
Eberhard Hauschildt erstellt.*

Glaubensgrundlagen erklärt

Norbert Dennerlein / Michael Meyer-Blanck (Hg.)
Evangelische Glaubensfibel
Grundwissen der evangelischen Christen

208 Seiten mit 7 Farbtafeln, 13,5 × 21 cm, frz. Broschur
ISBN 978-3-87062-082-0

Zusammen mit dem Gütersloher Verlagshaus.

Mit der „Evangelischen Glaubensfibel" liegen die wesentlichen Informationen zum evangelischen Glauben in der Sprache von heute vor, ein Handbuch für alle in Schule, Gemeinde und kirchlicher Bildungsarbeit.

Frauen der Bibel erzählen ihre Geschichte

Hermann Saenger
Sie wussten, was sie taten

204 Seiten, 13,5 × 21 cm, gebunden, Lesebändchen
ISBN 978-3-87062-095-0

Wer weiß heute noch etwas über Susanna im Bade? Moses im Schilfkörbchen? Die Hexe von Endor? Potiphars Frau? Alle diese und viele andere Geschichten der Bibel handeln von starken Frauen, deren aufregende Lebensberichte auch nach 3000 Jahren noch fesselnd zu lesen sind – vor allem, wenn sie von sich selbst erzählen!

Lieder, Texte und Karikaturen

Harald Schroeter-Wittke / Günter Ruddat (Hg.)
Kleines kabarettistisches Kirchenjahr

292 Seiten, 11,5 × 18 cm, Taschenbuch
ISBN 978-3-87062-513-9

Mit Karikaturen von Erich Rauschenbach, Greser & Lenz, Marunde, Peter Gaymann, Tetsche, TiKi Küstenmacher u.v.a. Mit Texten von Dieter Nuhr, Dietrich Kittner, dem KLÜNGEL-BEUTEL, dem „Ensemble Entzücklika", Duo Camillo, K3 und zahlreichen anderen KabarettistInnen – ein seit fast zehn Jahren überfälliges Buch!